每一种好奇心背后都是经济学

每一个事件背后都有经济学

好奇心经济学

像侦探小说一样有趣的经济学故事

岑嵘◎著

ZHEJIANG UNIVERSITY PRESS
浙江大学出版社

content
目录

NO.4

金庸小说中的经济学世界

NO.5

经济学视角看历史

NO.6

经济学是婚姻最好的老师

NO.7

你所不知道的投资秘密

NO.8

当经济学家来到体育比赛中

NO.9

我们的世界为何如此

当我们谈论经济时，我们谈论些什么

说到经济，我们会认为国家上调存款准备金率，公布 CPI 是经济。不过在今天，经济学所关注的领域远远超过这些。比如加里·贝克尔，就把家庭生活引入了经济学；丹尼尔·卡尼曼把心理学引入了经济学；冯·诺依曼把博弈论引入了经济学；迈克尔·舍默把生物学、进化学等一股脑儿引入了经济学。

英国历史学家托马斯·卡莱尔在 1849 年提出，经济学是门"沉闷的科学"。在我读书的时候，经济学让我觉得枯燥无比，每到考试总有世界末日到来的感觉。美国经济学家罗伯特·弗兰克也曾说："每当在社交场合，我回答自己是经济学家时，他们总会有点失望。我不禁追问为什么。不少人会提起他多年前上过的经济学课'里面全都是那些可怕的图表！'"

其实经济学也可以很有趣。当你在乡间散步时，青蛙在池塘里呱呱地叫，它们通过叫声压倒竞争者，因为叫声能够传递青蛙个头的大小，这就是信息经济学；小狗愉快地奔跑到树底下撒尿，这是小狗在标识它的领地，这就是产权的重要性；小鸟在树上唧唧地叫唤父母前来喂食，也可能引来天敌，但这些小鸟是权衡风险和收益的高手……

经济学还可以帮助我们用另一种眼光看问题。文艺复兴大师达·芬奇等传世作品的背后，是美第奇家族金融的力量；十年的特洛伊战争真的是为了争夺美女海伦吗？事实上这不过是一场关于港口税收的战争；为什么莎翁把夏洛克描写得如此不堪，答案是国王的财政出了问题，他们需要通过掠夺犹太人填补亏空……

接下来，我会陪着读者来到各个经济现场，它们可能是历史事件，也可能是生活琐事，我将尝试用经济学的视角来重新探讨这些事情。

20世纪中期，美国经济学会年会在达拉斯召开。一位服务员好奇地问与会者："你们都是些什么人？你们靠什么为生？"对方反问："你为什么会问这样的问题？"服务员支支吾吾地说："也不为什么，我只是不明白，没有酒，没有女人，而你们只是在说呀，说呀，说呀……"

尽管今天我要做的还是说呀说呀，但我真心希望能让经济这件事情变得更有趣些，让我们的好奇心里多一点经济学的思考。

NO.1

生活就是经济学

航空公司的万万没想到

有个叫斯蒂夫·罗斯坦的银行家在 1987 年的时候,花了 25 万美元购买了一张美国航空公司无限次的头等舱乘坐票。航空公司万万没想到的是,这哥们坐飞机有瘾,他最喜欢的事就是某个周末一大早醒来,坐早班飞机去底特律,然后租辆车去加拿大的安大略湖逛一圈,买点特产,然后坐下午的飞机回来和家人朋友吃晚饭。别人问时,他说:"嗯,我今天去了趟加拿大。"

20 年的时间里斯蒂夫飞了超过 1 万次,光英国就去了 500 次,算一下账,虽然购买这张票花了 25 万美元,但是他消费了航空公司大概 2100 万美元。终于,美国航空公司崩溃了,他们在 2008 年取消了斯蒂夫的永久使用权。

这件事情也许不能怪航空公司事先没有料到。《显赫生活》是美国航空公司航班上提供的奢侈品季刊,该刊物的编辑就在评论中写道:我们的报道对象是一些世界上最有名的人,在每次采访中,这些富有魅力的名人都挑选了同一件终极奢侈品,那就是时间。钱不是问题,时间才是最宝贵的。

当航空公司出售这张无限次机票时,是出于这样一种假设,能够购买这张机票的人(比如银行家),时间成本会很高。他们一般只会因为自己的需求选择出行,而不是享乐无节制地飞行。漫无目的地飞行会让银行家损失更多(机会成本昂贵)。

美国经济学家丹尼尔·哈莫米斯教授说过这样一件事情:他所在的大学举办了一场广场聚会,当他路过此处时,学生提醒他,某个展台提供免费的冰激凌。

教授有点心动，当他来到展台前，发现至少有 20 个人在排队，并且队伍移动的速度非常慢，教授马上意识到，这里的冰激凌表面上看起来是免费的，但是得到冰激凌的机会成本，也就是排队所花费的时间成本是巨大的，因此他决定放弃领取该冰激凌。他说，时间成本太昂贵，因此不适合去排队。

经济学家曾一度对一种现象非常费解，那就是社会调查表明，有两个孩子的母亲工资收入普遍高于只有一个孩子的母亲。他们设想了很多种可能性，比如家庭背景、教育程度等，最后发现原因很简单，母亲们之所以愿意出来工作，是因为工作收入高于雇用保姆照顾孩子的支出。两个孩子的家庭支出相对来说费用更高，因此只有获得更高的收入时，母亲们才会出去工作。

电影《摇篮惊魂》中，一位女性感叹道："今日的女性不得不做到三件事，给家庭带来每年五万美元的收入……以及在自己家里做打卤面。"许多妇女可能无法同时做好这几件事情，因为拥有如此高收入的妇女一般不会有时间在家制作打卤面，她最重要的资源，即时间是稀缺的。选择在家擀面条的妇女一般不会有足够的时间在外挣得如此高的年收入。

但凡事都有例外，高薪的妇女也许擅长擀面条，企业家喜欢做红烧肉，而银行家的爱好就是坐飞机浪费时间，毕竟，人不是经济学运转下的机器。

临时抱佛脚有用吗

每到评定职称或者彩票开奖的时候，我都会祈祷：菩萨保佑菩萨保佑。说老实话，我和他们并不熟，大殿里的菩萨尊号我都叫不全，逢年过节的时候也没去磕头上香，那么，我临时抱佛脚有用吗？

不知道什么时候起，一些有钱人的圈子里开始流行禅修。他们起个大早，司机开着大奔把他们送去禅修班，经过一天的修行，老板们似有所悟，第二天又坐着大奔回到红尘，当然，该克扣工钱照样克扣，那么，他们短暂的修行有用吗？

在经济学家们看来，信仰的作用相当于一份保险，如果碰巧神灵存在（这事谁也说不准，你又没见过上帝），那么信仰将使我们上天堂而免于入地狱。既然是保险那么就有成本，这里既有金钱成本比如慈善捐助等，也有行为成本，比如戒酒戒荤，克制欲望，当然还有祈祷等时间成本。这些也是我们为了得到神灵的眷顾所支付的价格。

所以，按照保险的理论，收益在于长期的付出，任何临时抱佛脚的搭便车行为都很难得到收益。老板们也好我本人也好，没有长期的成本支出，妄想得到收益都是不现实的。

美国有一个小镇的消防灭火机构是私营的，有一天，这家消防队接到火警，赶往现场救火。当他们到达后核定手续时，发现这家人没交当年的保险费，于是准备走人。那家人苦苦哀求："你们怎么能看着我们全部的财产化为灰烬呢？保费一共是多少？我现在马上补交。"消防队的负责人冷冷地说："你觉得等你出了车祸再办车险还来得及吗?"

不过凡事都有例外。中世纪的教会开出了价目单,让一切变得简单:无论你有过怎么样的罪孽,只要支付足够的价格,所有的罪孽都可以免去。教会的营销天才们让罪人秘密地向牧师单独忏悔,而不必当着全城人的面,这些措施降低了罪恶的平均代价。秘密忏悔给了牧师使用价格歧视的机会,估算罪人的财产情况,根据对方的付款能力进行罚款的差别定价。"神父,我把办公室的打印纸拿回家了。""那你回家多忏悔吧。""神父,我向房地产老板索贿了一个亿。""这个……上帝很生气,你的罪孽不轻啊,你先买三百万元的赎罪券吧。"

信仰和经济的关系比我们想象的还要紧密,经济学家们也一直致力于研究这个问题,禅修班在富人圈流行的一个原因是:作为一个理性人,取得今生和来世最大回报的最合算的途径,莫过于前半生积累财富,等度过事业高峰期再投资信仰。

富人有的是钱,但缺时间,那就多捐款行善;穷人有时间却没钱,就多虔诚祷告。但不管怎么样,有付出才有得到,临时抱佛脚可能不管用,这个道理在哪里都一样。

我想和汪星人谈谈这个世界

我有一只小狗，每天上班时，它会送我到门口，回到家时，它又会刨我的裤腿欢迎我。我很好奇当我上班去以后它在家干吗。也许在睡觉，也许搞点小破坏，但还好它不会上网或看报纸，如果它得知人类贪图它们的肉，把它们做成美味，不知它是否还会对我这么热情。

关于"狗肉节"这种事情，我和汪星人一样无法接受，但是我也觉得，并不是我的感受就是判断事物的标准，《了不起的盖茨比》开头就说："我父亲教导过我一句话，我至今还念念不忘。'每逢你想要批评任何人的时候，你就记住，这个世界上所有的人，并不是个个都有过你拥有的那些条件。'"

我以为，动物保护的观念，其核心并非道德的高下，而是经济。那些持赞成或反对意见的人，往往不是同一个经济阶层的。

美国经济学家爱德华多·波特说："生存价格质朴无华地展示了世界上的文化观点因为经济发展程度不同和机会的不平等而呈现各异的面貌。"在阿塞拜疆，普通家庭在食品方面的支出占全部花销的 3/4，在巴西是 1/5 多点，而美国每个家庭的食品支出占收入的比例不到 1/10。这个就是我们常说的恩格尔系数，该系数显示出美国人对食品价格不太在意。美国农业部估计，如果肉类价格提高 10%，美国家庭对肉的消费只会下降0.9%，相比之下，这样的价格变动会使墨西哥家庭的肉类消费下降 5%。

经济水平和动物权益保护观念密切相关，美国的经济学家发现，用人道的方式屠宰牛肉成本要高很多，美国的消费者愿意多付 9％ 的价钱来保证食物中的牛肉来自通过人道方式宰杀的肉牛，而在墨西哥，这种做法却会改变他们的食物构成。

食物禁忌和经济密不可分。经济学家赖建诚说，出于粮食的压力，在过去汉文化里通常以感恩的诉求（牛耕田养活了我们）来禁止吃牛肉。虽然富裕的人家消费得起，但是如果富户嗜吃牛肉，在承平时期会引起社会性示范效果，中等家庭也会效仿，这样一部分耕地就会挪作蓄养肉牛，当食物短缺发生时，要把养牛的耕地转种五谷就来不及了。

在有些地方，比如越南，也有吃狗肉的传统，但随着经济水平的上升，越来越多人开始反对这种习俗。所以，我希望汪星人抱有乐观的看法，经济最终会改变人们的旧俗。

宝玉为什么要送旧手帕给黛玉

贾环在贾政面前告了黑状："宝玉哥哥前日在太太屋里,拉着太太的丫头金钏儿,强奸不遂,打了一顿,金钏儿便赌气投井死了。"贾政气得面如金纸,命人将宝玉"堵起嘴来,着实打死"。

宝玉被老爸打烂了屁股,趴在床上。他让晴雯给黛玉送两块旧手帕,晴雯道："这又奇了,她要这半新不旧的两条绢子? 她又要恼了,说你打趣她。"宝玉笑道："你放心,她自然知道。"在这里,宝玉通过两块手帕发出自己的信号。

美国经济学家曼昆说,赠送礼物是件奇妙的习惯。人们通常比他人更知道自己的偏好,因此,我们可以预期每个人对现金的偏好大于实物。如果你的老板要用商品代替你的工资,你很可能拒绝这种支付手段。但是,当爱你的某个人做同样的事时,你的反应会完全不同。

宝玉就曾经犯过这样的错误,虽然他没有送给林妹妹整箱的银子,但是他误以为,足够贵重的东西可以发出自己想表达的信号,于是他把北静王赠送的"圣上所赐荟香念珠"送给了黛玉。

2011年诺贝尔经济学奖获得者迈克尔·斯宾塞认为,掌握信息的一方可以用缺乏信息的一方所信任的方法传递信息。在这里,宝玉是掌握信息的一方,他知道自己对黛玉的感情,黛玉对此却有些不敢确认。但是宝玉用了错误的方法,价值昂贵的礼物并不足以传递自己要表达的私人信息,赠送念珠就像富二代赠送爱玛仕包包、法拉利跑车,不足以获得对方的信任。于是,黛玉毫不留情地把念珠丢在地上说："什么臭男人用过的，我不要。"

一个人拥有爱人想知道的私人信息，即"你真的爱我吗"，为她选择一件好礼物就是一种"爱的信号"。晴雯拿着旧手绢去了潇湘馆。这一回，宝玉发对了信号。黛玉体会出手帕的意思来，不觉神痴心醉。

《红楼梦》中通过礼物发信号的例子比比皆是，比如元妃赏赐贾府诸人端午节礼物，送给宝玉的是"上等宫扇两柄，红麝香珠二串，凤尾罗二端，芙蓉簟一领"。唯独宝钗所得的礼物与宝玉一样，"林姑娘同二姑娘、三姑娘、四姑娘只单有扇子同数珠儿"。

元妃的礼物发出了明确的信号，她或许看得更远，家族存在种种危机，强强联合才能使其度过危机，她在两位竞争者之间投下了有力的一票，黛玉收到了信号，把气撒在宝玉身上："我没这么大福气禁受，比不得宝姑娘，什么'金'哪'玉'的，我们不过是个草木人儿罢了！"

宝钗收到了信号，表现得更低调，她远着宝玉，"心里越发没意思起来"，但她明白自己离胜利越来越近。经济学家罗伯特·弗兰克说：一个信号要在竞争对手之间表现出可信性，它必须难以造假（皇妃所赠）。如果一方传递有利于自己的信息而得利，那另一方则被迫暴露对自己不利的信息（别人没有）。于是，宝钗戴着元妃所赠的红麝香珠串在园子里到处走动，发出了胜利者的信号。

幸福就是比你的连襟赚得多

20 世纪 80 年代电视上播出了《射雕英雄传》，一夜之间，校园里冒出了各路武侠。第一波是"江南七怪"。不过随着剧情的推进，这些侠客很快消失，因为和随后的绝顶高手比，这些小角色已不值一提。很快这些同学变身为华山论剑的大侠，在操场上互相比画。

和大侠一样，天才也是相对而言的，文艺复兴时期出现了很多艺术大师，可是他们偏偏和达·芬奇、米开朗琪罗、拉斐尔同时代。艺术家们几乎绝望地生活在三人的阴影下，他们心里明白，要超越巨人们是不可能的。于是有人另辟蹊径：雕刻家波洛尼亚抛弃了米开朗琪罗的体积感，结果把众神的信使墨丘利雕得像个马戏团的演员；在画家祖卡里的画中，米开朗琪罗正在用惊叹的神气看着正在工作的画家本人，名誉女神吹起喇叭向全世界宣告自己（祖卡里）的胜利……

幸福感是一件相对而言的事情。我们曾经盼望着楼上楼下、电灯电话的时代到来，可是这个时代真的到来却觉得不过如此。1993 年诺贝尔经济学奖获得者罗伯特·福格尔说，美国公民所获得的舒适程度甚至是 100 年前皇室贵族所无缘享受的（比如能乘坐喷气式飞机、磁悬浮列车）。问题是人类是一群靠比较存在的家伙，当邻居新买了路虎，你开着宝来的愉悦感就会陡然下降。20 世纪美国自由思想家 H.L.门肯说，富人是一个比他的亲戚每年多赚 100 美元的人。门肯还说过一句很经典的话：一个人对工资是否满意，取决于他是否比他的连襟挣得多。

20 世纪 90 年代，美国联邦证券委员会强制上市公司披露高管的薪酬。当时高管们的薪酬已经是工人的 131 倍。委员会的意思就是：让大伙看看，你们好意思拿这么多钱吗？

薪酬公开后不久，媒体就按高管的收入高低开始排名。可是大众低估了高管们的脸皮，这样做不但没有压制薪酬，反而使得各路高管互相攀比。结果，他们的薪酬像火箭一样往上蹿，和普通工人的收入比达到了 369 倍。

高管们的比较对象是别家公司的高管，工人，又关他们什么事呢？

康奈尔大学经济学家罗伯特·弗兰克作过一个调查，他让人们做一个选择：你一年赚 11 万美元别人一年赚 20 万美元，或者你赚 10 万美元别人赚 8.5 万美元。大多数美国人都选择了后者。换句话说，相对收入确实起作用。只要我过得比你好，钱少点也无所谓。

我的同学早已忘记了在操场上比画这件事了，他们去了一个更大的江湖，有了更多的比较，然而在同学会上，他们仍然会和从前一样互相拆招比较。

我们应该如何施舍穷人

如果少喝一杯饮料，能帮助一个乞丐填饱一整天肚子，我们很多人都愿意这么做。同情心是人性温暖的一面。然而用经济学的眼光，可能会得出不同的答案。

即便是乞丐，也会计算成本和收益，因此他们常常会选择在电影院或大商场门口人流量大的地方行乞，而并不是像狄奥根尼①一样，希望别人不要挡住他们的阳光。他们为了获得收入，付出的可能超过我们的想象：在街角占据有利的位置，积极防守阻止其他的乞丐进入；冒着危险追逐着车辆；展示残疾的身体（真的和假的）……这些都是他们花费的成本。

有一个问题是我们忽略的：当我们对乞丐施舍得越多，乞丐就得付出更大的努力和成本来乞讨。如果对行进的车辆乞讨能获得更多收入，他们会甘冒更大的风险；一个拐角的位置每月可以带来 1000 元的乞讨收入，他要守住这个角落所花费的代价可能是守住 500 元的那个角落的两倍；而那些最佳的"黄金位置"，还可能需要通过交保护费等方式增加成本来竞争，这就产生了经济学家所说的"收益损耗"，限制了捐款者创造的净价值。

那么你会说，我们何必对乞丐这么苛刻，他们为了那点钱也蛮拼的，乞讨得到食物总比饿死来得好，万一他们是真的需要这些钱来活命呢？这话固然没错，

---

① 狄奥根尼，古希腊哲学家。有一次亚历山大大帝访问他，问他需要什么，并保证兑现他的愿望，狄奥根尼回答："我希望你闪到一边去，不要遮住我的阳光。"——编者注

然而问题是我们向乞丐施舍的同时，也鼓励了乞丐追逐金钱的行为——有的地方出现了整个村子外出乞讨的现象（成为一个产业）。更为骇人的是，在印度有些乞丐为了引起他人的同情，甚至愿意付钱给医生切除自己的部分肢体。

我们该如何施舍穷人？美国经济学家泰勒·考文给出的建议是：不要把施舍目标仅仅定于乞丐身上，相反，我们应该把钱给予那些对得到施舍不太努力却很需要钱的人。经济学家把这些人叫作"相对欠弹性因素"，欠弹性就是指他们没有花时间追逐我们的金钱。

当我们夜晚经过大厦屋檐下，看到那些流浪汉正盖着纸板睡觉，我们可以悄悄把钱放在他们的身边；当那些背着一大包瓶瓶罐罐的拾荒者，正在垃圾桶努力寻找空瓶子，我们可以把钱塞给他们。也许他们在接到施舍时大为吃惊，我们就会知道自己选对了对象，吃惊表示他们没有消耗珍贵的时间和精力来追逐金钱。

经济学家尤努斯给出了更有意义的方法，通过建立穷人的银行，用低息贷款而不是施舍的方式把钱借给穷人，鼓励他们通过双手来改变生活。

把钱给眼巴巴向我们乞讨的乞丐，我们的感觉会很好，但是如果我们真心希望帮助他人，真心地要做个好人，而不仅仅要感觉像个好人，那些不主动伸手，而非常需要钱的人才应该是我们帮助的对象。

头脑风暴是一种集体幻觉吗

单位里最近开展了一次头脑风暴,探讨赚钱的新方法。风暴刮得相当成功,大家一改沉默,你一言我一语,灵感大迸发。虽然我最后记不得究竟想出了什么好的点子,但这场头脑风暴让大家都很愉悦。

那么头脑风暴有用吗?

我们今天所谓的头脑风暴指的是无限制地自由联想和讨论,产生出新观念或激发创新设想,它是由美国创造学家阿历克斯·奥斯本于1939年首次提出的。不过大家有所不知,"头脑风暴(Brainstorming)"一词最早是精神病理学上的用语,专指精神病患者的精神错乱状态。

在很多研究者看来,头脑风暴虽然说不上是精神病发病,但效用恐怕很有限。

美国新古典主义经济学家、乔治梅森大学经济学教授泰勒·考文说:当我们在群体讨论时,总会有人在讲话,这样我们感到的压力较小,我们也不会因为自己不发一言或缺乏新想法而觉得自己愚蠢。相反,积极活动的感觉会让我们觉得自己在忙于集体研究。如果我没有新发现,可能其他人有。肯定会有些好点子诞生,要不然我们干吗待在这个小屋子里呢?

为什么这么多人喜欢头脑风暴呢?头脑风暴的好处在于,很多人在讨论之后,会把别人的意见误认为是自己的意见。如果问题难以处理,每个人都能看出其他人也同样认为这个问题难以解决(不是自己傻,而是问题太难),这就使得人人都感觉很好。

在《红楼梦》第十回中，秦可卿病倒了，尤氏说："现今咱们家走的这群大夫，那里要得？一个个都是听着人的口气儿，人怎么说，他也添几句文话儿说一遍；可倒殷勤的很，三四个人，一日轮流着，倒有四五遍来看脉！大家商量着立个方儿，吃了也不见效。"一群庸医给秦可卿看病，大家头脑风暴一下，集体商量弄了个方子，成功地把秦可卿折腾个半死。因此，头脑风暴最大的好处就在这里：即便这件事最后办砸了，但这可是集体讨论的结果，谁都不必为此担责任。

那大家思维碰撞总有点用吧？研究者并不这么看。他们认为头脑风暴是一种花时间却不太有效的方式，因为通常人们独自思考比在群体中思考能想到更多的点子。一项对22个群体的研究发现，其中18个群体中的人在群体中生产力不高，而且群体越大生产力下降得越多。心理学家称之为"群体生产力的错觉"。有许多人太依赖于他人的努力，想获得免费意见。然而让人吃惊的是，即便如此，人们仍然倾向于高看群体讨论的重要性。超过80％的受访者认为群体头脑风暴比个人的思考能产生更好的效果。

米开朗琪罗把所有的助手都赶走，锁上了西斯廷礼拜堂的门，独自创作出了壁画《创世纪》；巴尔扎克爱将自己锁在小黑屋中创作，将百叶窗拉牢实，郑重点燃蜡烛闭门不出，在浑浊光线中天昏地暗地写出皇皇巨著。如果他们喜欢的是拉上一大群人，大家拍脑袋想点子出主意，那么这些旷世作品我们恐怕永远也见不到了。

多光顾路边小摊对他们生计有好处吗

作家龙应台曾嘱咐留学的儿子说："别总去沃尔玛，也给路边摊留点儿生意，他们比沃尔玛更需要你。"

我们知道，龙应台说这话，完全抱着一颗慈悲心。那么，我们给路边的小摊贩留点生意，这样做对他们的生计有好处吗？

《芝加哥论坛报》的专栏作家鲍勃·格林对"尊重、提高、进步——洗碗工兄弟会"的活动给予了关注。这个组织号召饭店的顾客放弃传统做法，给洗碗工小费。如果此举能转变大众态度的话，那些洗碗工的生活会好转吗？

经济学家给出了否定的答案。美国罗切斯特大学经济学教授兰兹伯格说：洗碗工的生活从来就没比看门人好到哪里去。当餐馆的洗碗工开始收取小费，而看门人的收入没有变化时，看门人会越来越多地转行做洗碗工。这时工资待遇开始发生变化，洗碗工的薪水减少了，当洗碗工的小费收入低于他们薪水缩减的幅度时，转行热潮才会消失。所以，洗碗工并不能从此举中获益。

假设我们每个人都有帮助穷人的美德，不断光顾路边小摊贩的生意，他们的收入会明显好转，但是由于竞争门槛低，随之而来的是其他行业的人不断涌入路边摊这个行业，随着竞争越来越激烈，他们的收入仍然会回到原来那个低水平（街头利润率）。

这就是经济学上的"无差异原则"：如果人们没有特殊的嗜好或特殊的才能，所有的活动和工作都应当同样吸引人，而那些没有固定资源和特殊才能的人，受到无差别原则的影响，他们的收入和境遇最后将保持初始的状态。

当我们在下雪天遇到了卖火柴的小女孩，我们本能的道德和正义感，会让我们毫不犹豫买完小女孩身上所有的火柴，这样做让我们感觉很好。然而接下来你会发现，路上有一千个卖火柴的小女孩在等着你——更多的贫困家庭会想到这个办法贴补家用（因此更重要的是保护儿童受教育的权利）。

经济学并不是说让我们不要去帮助穷人，相反我们交给穷人的一块钱带来的福利，远远超过富人手中的一百块钱。因此我们可以帮助某个具体的人，一个乖巧的孩子要帮生病的母亲照看生意，一个老翁拉着板车到城里贩卖蔬菜。但我们的确无法提高路边摊这个行业的平均利润率，我们的好意不能改变经济学的规律。

那么，我们能为路边摊贩们做些什么？有一点比光顾他们的生意还要重要：人们在街头贩卖的权利可以追溯到千年前，这也是人类文明的一部分，因此小贩们诚实经营的自由和尊严不可以随意被剥夺。正如印度最高法官甘古利所说："不能因为路边摊贩贫穷、无组织，就让他们应享有的这些基本权利处于混乱状态，也不能用不断变化的行政规划来决定他们的基本权利。"

我们为什么热衷最新款的手机

苹果新品发布会上库克说得很高大上，你颇为动心，想把手中的苹果手机换成最新型的，但是自己的手机也还能使用，那究竟要不要换呢？（喂喂，作者先生，别人换不换手机和我有什么关系？你有钱就去换一个八星八钻的苹果手机，那也是你自己的事情啊！）

其实我想说的是，这远不是钱的问题，里面原因的复杂超出你的想象。

一部最新款的手机能给我们带来快感，但现代神经学研究发现，人的愉悦和快感有个峰值。换句话说，人类感受快乐幸福的潜能是有限的。

假如随着物质和财富的增加，我们会变得越来越快乐（你还记得家里安装第一部固定电话、买第一辆自行车时带来的喜悦吗？），那么我们今天早该快乐地抽风。事实上我们正对着老款的智能手机闷闷不乐，坐在私人轿车里不停抱怨，这是因为幸福感存在一种"重启机制"，一旦别人拥有的东西比你的更好，你的幸福感就被清零了。

那么这种重启机制到底是怎么形成的？这是一个更大的命题——进化。也就是说，当人类穿着兽皮在追野猪的时候，就存在对老款 iPhone 嫌弃的基因。

1992 年诺贝尔经济学奖获得者加里·贝克尔和他的合作者路易斯·拉约提出一个很不寻常的观点：强调相对收入的人类抱负机制，在进化过程中就已经形成。他们的意思是，自然界才不在乎什么幸福指数，它在乎的是结果：进化状态。假如人类从石器时代起，只要越富有就越幸福的话，那么今天的人类早已洪福齐天了，人人要都像抽了大麻一样癫狂，那快乐的感受将不再是一种有效的激励，我们也不再想去努力奋斗。

因此贝克尔和拉约认为，自然选择让人们只有在比周围的人取得更多成就和财富时，才感到快乐。他们认为，自然界确保人类不会完全意识到这种欲望在不断升级，这一点，才可以让我们都全力以赴改善我们的处境。从这个角度说，幸福快乐并不是人类行为的终极目标，它只是推动人类不断前行的小把戏。

因此，你想更换最新款的手机，这其实是人类进化的推动在起作用。人们有不断改善处境和赶超别人的强烈愿望，才促使他们不断努力，其结果使得社会财富不断增加，科技不断发展。

贝克尔等人的理论也解决了我心头盘旋已久的一个疑问，假如有一天，我们进入了按需分配的大同社会，社长拖过来一麻袋最新款 iPhoneX，说每个人拿一个玩……这个固然好，问题是谁还会有动力去创新弄什么 iPhone。这样的社会并不存在，因为人类的进化可没准备好一样叫作"满足"的东西。经济学家顾准早在 1973 年就写下这段文字："我对这个问题琢磨了很久，我的结论是，地上不可能建立天国，天国是彻底的幻想，矛盾永远存在。"

马桶圈放下还是掀起，这是个问题

生活总是由琐碎的细节组成，这些微不足道的细节，同样会进入经济学家的视野，他们试图用经济学的工具，为这些琐事找到最合理的解决方法。

在家庭生活中，我们常常会碰到一个关于马桶圈的问题。男方在用完抽水马桶后通常都不把马桶圈放下，而女方会觉得每次都得自己把马桶圈放下来很麻烦，于是就要求对方养成用完放下的习惯。

放还是不放，这是个问题。一圈激起千层浪，经济学家们不甘寂寞，加入了马桶圈大挑战。一向以严肃著称的德国学术刊物《经济周刊》成了核心战场。

美国密歇根大学的经济学家杰伊·皮尔·乔伊在《经济周刊》上抛出了他的最新研究：“现状规则”（让马桶圈保持掀起状态）比“放下规则”（放下马桶圈）更有效率。原因就是马桶圈只有在有人需要它的时候，才有必要掀起或者放下，“现状规则”节省了放下马桶圈的时间。

为了证明自己的理论，乔伊为此还专门发表了一篇经济学论文《掀起还是放下——一个关于男性马桶圈使用礼节的经济研究》。这位经济学家用他的神奇经济学方法证明，如果男人连续两次使用马桶，当他第二次如厕时马桶圈是掀起的，“现状规则”就节省了放下马桶圈的时间。他研究发现，即便妻子把马桶圈放下时所花的力气接近于丈夫所花的三倍，“保持现状”依然是更经济的做法。一句话，爷用完了，马桶圈该怎么地就怎么地。

乔伊的论文引起了专家们的极大不满。一位叫查德·哈特的学者发起了挑战,哈特的经济学理论证明,从单身生活转为男女同居生活时,掀起或者放下马桶圈的成本会增加。但对于男性来说,他们有时也需要放下马桶圈,他们已经习惯忍受搬动它的麻烦,而女性独居时则不存在这个问题,因此女性会更在意这种变化。所以,"便后放下"才是正确的选择。

严谨的德国工程师们也加入了挑战,他们说产品在开发过程中,有一项工作是 FMEA(故障模式与后果分析),就是产品发生故障的原因之一是修理工在更换零部件时的操作和安装错误。为了避免这些错误,设计师必须采取一些措施,尽管这些措施会提高一点产品的成本。在"马桶圈问题"中,婚姻好比是产品,要让产品好,客户和伙伴都满意,生产方(丈夫)适当地提高一点成本(便后放下)是有必要的。

英国经济学家蒂姆·哈福德一针见血地指出:"……假设存在两类男人:细心周到的绅士和自私鬼。女人很难一眼分辨出这两类人。但是,只要把马桶圈放下去,男人就能很轻松地将自己归于绅士类型。这可是我很早就学到的有用经验。"

李尔王犯了什么经济学错误

托尔斯泰到了晚年,把莎士比亚贬得一钱不值。他认为莎士比亚是个蹩脚、愚蠢,且不讲道德的作家。至于莎士比亚为何如此广受欢迎,托尔斯泰的解释是,这是一种集体幻觉,他称之为催眠,如同荷兰郁金香狂潮一样。也就是说,除了托尔斯泰本人,全世界都受了骗。

在莎士比亚所有的作品中,托尔斯泰最厌恶的是《李尔王》,他的评价是每一句都是愚蠢、啰唆、不自然、浮夸、庸俗、乏味、狂言乱语、下流的脏话,还有着舞台的俗套以及道德和审美上的毛病。托尔斯泰还认为《李尔王》剽窃了早先一位默默无闻的作家一部好得多的剧本《雷尔王》,莎士比亚把它偷来又毁了它。

如果在今天,托老把这些评论@一下莎翁,两人说不定还会约个架。你可以想象,这两个人打起来一定很有趣,一个拉住对方的白胡子,另一个扯住对方脑袋上不多的几根头发。当然这事没发生,也不可能发生。

我们回头来说说《李尔王》吧。

《李尔王》这部作品写的是权力的放弃。李尔王觉得自己老了,想把国家交给孩子们,自己好享享清福。他把三个女儿叫到跟前,想亲自听听她们中谁最爱他,然后根据她们对他的感情深浅来分赐各人一份财产。正直的小女儿因为不愿意说那些肉麻话没有分到财产,而两个不孝的女儿得到了整个国家,并很快把失去权力的父亲当作累赘赶了出去。

可怜的李尔王只能跑到荒野里在暴雨中哭喊:"雨风雷电,都不是我的女儿,我不责怪你们的无情；……可是我仍然要骂你们是卑劣的帮凶，因为你们滥用上天的威力，帮同两个万恶的女儿来跟我这个白发的老翁作对……"（顺便说一句，托尔斯泰反对有暴风雨的出现，认为这是乏味的累赘。）

李尔王究竟犯了什么错误让他晚年如此悲惨？1992年诺贝尔经济学奖得主、美国经济学家加里·贝克尔的理论，也许能够在这暴雨下安慰这位老者：一切的悲剧并不是什么天意，或许只是来自这个国王的经济学错误。

贝克尔的《家庭论》被誉为划时代的著作。在这本书中，他运用了经济学的研究方法，对家庭生活中的方方面面进行了分析。书中贝克尔提出了"罗登·凯得定理"（也称"坏小孩定理"）。这个定理是说：为人父母者对于子女都具有利他心，都会为子女的利益和幸福着想，不过子女却常有自私自利者（即坏小孩）。但这些坏小孩也会努力使整个家庭的总所得增加。因为父母会将好处分给众子女，为了自身利益，这些坏小孩也会表现得像乖小孩一样。

罗登·凯得定理同时解释了为什么有些父母的捐赠要推迟到暮年才进行。因为考虑到整个家庭的利益，他们希望自己的财产能给孩子提供一种长期激励（虽然迟早都是他们的）。在分到财产前，那些坏小孩会为了总体的利益站在父母这边。

但坏孩子们总盼着父母的财产早点到手。"我们在年轻时候不能享受生命的欢乐；我们的财产不能由我们自己处分，等到年纪老了，这些财产对我们也失去了用处。我开始觉得老年人的专制，实在是一种荒谬愚蠢的束缚。"（《李尔王》）

所以，即便是利他主义的父母，也常常会把财产保留到最后一刻，就算是付出高昂的遗产税。而李尔王的经济学悲剧就是过早地把所有的财产（权力）交给了坏小孩们。

对于托尔斯泰为何如此贬低《李尔王》，英国作家乔治·奥威尔给出了一个有趣的答案。奥威尔说："他对这个剧本怀有特殊的敌意，有没有可能因为他有意无意觉得李尔王的故事和他自己的故事有相似之处?"

和李尔王一样,托尔斯泰到了老年,放弃了他的庄园、爵位、版权,而且要尝试脱离他的特权过农民的生活,满心希望这会使自己快活一些。然而和李尔王一样,这些没有取得他预期的结果,事实上托尔斯泰并不快乐。罗登·凯得定理不但会对李尔王起作用,也同样会落在这位大文豪身上。他周围的人因为他放弃一切而把他逼得几乎发狂,两个他信任的孩子最终和他作对。

托尔斯泰最后选择了突然出逃,仅有一个忠实的女儿相伴(人生和戏剧有时多么的相像)。在那个偏僻的阿斯塔波沃车站里,托尔斯泰处在生命弥留之际,不知此时他是否会想起李尔王,那个和自己一样满头白发并且同样孤独的老头。

经济学能阻挡广场舞大妈吗

广场舞大妈最近有点嘚瑟，在纽约日落公园，在巴黎卢浮宫，在莫斯科红场都有她们的身影。然而，有些人没能理解大妈的远大抱负，他们只想让自己小区里的大妈安静下来，为了这个，他们几乎用了所能想到的任何手段，甚至是放藏獒咬人，花费数十万用定向高音喇叭干扰大妈（你们追求大妈的女儿时可不是这个做法啊）。

对这个事，经济学家有话说。1991年诺贝尔经济学奖的获得者罗纳德·科斯来到了广场舞大妈中间。大妈很热情地围过来，老头戴着眼镜，文质彬彬，大妈们围着他问长问短，比如：老伴还在吗？儿子结婚了吗？退休工资有多少……

科斯笑嘻嘻地说："我是来解决广场舞的噪声问题的。"

大妈的脸沉了下去："我们老年人跳个舞怎么了，你们不满意可以报警啊！"（警察叔叔对付大妈可真的没辙。）

科斯说道："美女们别急，先听我说，看看有没有道理。我以为，这个问题之所以成为死结，是有的人把自己定位为'受害者'，把其他人定位为'肇事者'。但是这就是个相互性事件。噪声干扰了居民休息这个不假，但是把这个作为禁止广场舞的依据也会影响大妈们的利益。"

大妈们点头说，这洋老头说得不错。

科斯接着说道："事实上，制造噪声不是你们的本意，同样，阻止你们跳舞也不是居民的本意。正是大家在空间位置上的相邻以及各自活动或生活的特殊性,才制造了这个大家必须解决的相互性问题。既然大家都有解决这个问题的意图,那就存在讨价还价的空间。所以跳舞这件事情,应该尽可能采取讨价还价来达成解决方案。"

大妈的脸色不好看了:"什么讨价还价? 我就每天在这里跳舞怎么了?"

"那每个月给你一桶10斤的花生油,让你换个地去跳,你干不干?"科斯说。大妈一愣,问:"是非转基因的吗?"

科斯捋着胡子笑道:"我们来计算一下解决问题各自的成本。附近100户居民安装个隔音设备啥的,大概需要30万元,而各位换个地方跳舞,算上时间成本、交通成本,大概需要10万元。所以,解决广场舞噪声这个问题,应该交给成本较低的一方,也就是各位美女。"

大妈们正待发怒,科斯接着说道:"如果你们不停止跳舞,100户居民大人要上班,孩子要学习,他们的损失会更大,可能达到50万元,他们也有讨价还价的强烈动机。所以最好的办法就是大家坐下来协商。比如100户每人出100元,给各位购买一个时尚款的无线耳麦,这样类似的方案不是大家都满意吗?"

大妈们点头称是,说:"其实我们也就是想跳个舞,也不想招人厌,你这个办法好。对了,你有微信吗? 加我啊,想学跳舞我教你,不收钱。"

经济学能挽救玉林的小狗吗

还在上小学的女儿到了东京后，第一件事不是想去迪士尼，而是想去看看忠犬八公的雕像。到了涩谷，一路打听"Hachiko"，终于在一个不起眼的地方找到了雕像，女儿高兴地和八公合了影。

不过这几天，女儿一直在哭，她告诉我一些地方的人在吃狗狗。

我试图向她解释，每个人都有自己的合法权利，比如我们养的小狗傍晚也会吵到邻居，但他们也没拿着棍子踢门进来要把小狗打死。同样，别人也有权吃狗肉，这是不同的习俗造成的，我们要尊重别人的权利。

这些解释似乎不起作用，她还是哭泣，不停地说，他们怎么能把狗狗吃掉呢？

我看了一些报道，我相信那些屠宰狗和吃狗肉的人和我们一样，都是些普通人，我们和他们之间，并不存在文明和野蛮的鸿沟。即便是那些叉起活狗叫卖的人，他们也只是受到利益驱动的经济人，在资本市场每天都有人在做这样的事情：把一个股票高高叉起叫卖（抬高评级，编故事），而受害的人可能更多。

那么经济学能挽救那些待宰的小狗吗？人们比较一致的想法是严格规范动物的检疫，从而提高狗肉的成本，使得需求曲线向左移动。然而这里也有一些问题：商家会想办法规避这些检疫，提高成本会对他们的利益造成损害。

如果说经济学有一个中心思想，那么它就是成年人之间彼此达成一致，而且交易双方都得到了好处。商户们也和我们一样，必须赚钱养家糊口，于是我们假设有这样的操作：当地政府先对上一年度屠宰狗的数目进行统计，假定是 10 万条,那么就把这 10 万个指标按营业面积等一定原则,在已注册商户中进行分配,并严格禁止其他渠道售卖狗肉。比方我是"林记狗肉店",得到了 100 个指标,那么我本年度可以屠宰售卖 100 条狗。

现在我们要做的就是借用环境经济学家的办法,把这些指标上市交易,市场是开放的,任何人都可以自由买卖这些指标(我会鼓励女儿用零花钱购买)。而商家就有两个选择,要么保留指标售卖狗肉,要么把这些指标卖掉赚一票。指标价格随着买卖力量上下浮动,当价格超过出售狗肉的利润时,商户自然会选择出售指标,同时指标还会抬高狗肉价格(机会成本增加)。

当然这个方法也不尽完美,比如逆向激励(各地纷纷效仿),监管成本巨大(指标外狗肉买卖猖獗),等等。

我常在想,狗到底是怎样走到人类中来的?在远古的时候,第一批狗选择了对人忠诚,它们帮助人类警戒野兽,人类也为它们提供食物和庇护,这就是人和狗之间最古老的契约。如果知道人类会撕毁契约吃它们的肉,它们一定会后悔当初的选择。

怎么样一眼识别餐馆菜品的好坏

美国经济学教授泰勒·柯文是个典型的吃货，在他的著作《经济学家的午餐》中，他把美食星探和经济学家两者的角色融合得天衣无缝。

现在，我们和柯文教授一起走进一家高档饭店，当你拿起菜单，教授给你的第一个忠告是："你首先问自己，哪些菜是我最不愿意点的？哪些菜看起来让人最没有胃口？那么你就点这些菜。"

难道教授不知道"不作不死"的道理吗？教授并不是这么看的，他的逻辑很简单：在豪华餐厅，菜单都是由专业人士精心设计的，一道菜出现在菜单上，必然有它的原因。如果这道菜看上去不怎么样，它很可能吃起来味道相当好。

任何你从没听说过的菜，尤其是听上去很恶心的原材料，通常在高档餐馆被专业厨师做得相当好吃。而许多常见菜则可能略低于菜单上菜品的平均水平。许多不会点菜的人会点烤鸡之类的家常菜，它会出现在许多菜单上，然而尽管它吃起来不错，但并不会让你品尝到顶级美味。

也许你以为越富有的国家，食物越好吃，但柯文教授不会同意。他说，要选择一个贫富差距悬殊的国家，特别是窗户上装着铁栏杆和院墙上装着铁丝网的地区，这种情况通常说明这个地区不安全，但它却是可以尝到美食的信号。

教授解释说：最低工资线越高，越难以雇用到厨师，因此真正的美食家应该去贫富悬殊的地区，在这些地方，穷人会为谋生去给富人做饭。北欧国家居民收入平均，人人富有，但却不利于这些国家生产美食，因为居民收入分配越平均，厨房劳工的雇佣价格就越高。如果非得在这些国家用餐，你最好去移民开的风味餐厅（比如印度菜）。

当你匆匆地想走进一家位于黄金地段的餐馆时，柯文教授又一把拉住了你。他说：当租金高时，餐馆要么客流量大，要么出售的食物价格惊人。比如在曼哈顿和其他大城市的中心，有许多国际连锁餐厅，这些餐厅味道都很普通，他们的生意是靠大量的顾客来维持的。

教授的建议是去临近租金较高地区的低租金地区就餐，比如在洛杉矶，可以去东部吃墨西哥饭菜，或者在韩国城吃亚洲饭菜。在好莱坞，东部比西部所卖食物性价比更高，因为西部是明星们居住的地方。低租金意味着更多的人能尝试开一家餐厅，更多的人能试着出售家庭饭菜，而最有烹饪想法的人通常并不是有钱人。

教授说：餐饮业也存在着一种叫"长期均衡"的经济学法则。因此，他还有一个绝活，即通过餐厅里的食客类型来判断菜品质量好坏。比如去一家中国餐馆，里面顾客们很放肆地像在老家一样吵吵嚷嚷说话，这绝对是一个好征兆。如果一家餐厅美女顾客扎堆，那就很危险了，因为会有很多男人也跟着进去，而不在乎端出来的菜是否好吃。如果餐厅里都是蹦蹦跳跳的孩子们，那你就赶紧闪人吧，要知道，孩子的品位会对美食造成难以挽回的破坏。

为什么有钱的人也爱撒谎

当你正在出租车内，听着某企业家关于人生奉献和分享的演说入迷时，司机悄悄地带着你绕了路；当你揣着某本巨富关于诚信经营理念的精装书去菜场买菜时，小贩毫不犹豫地把最差的蔬菜卖给了你。于是你会想到一个问题，社会资源匮乏的人可能会不择手段得到他们想要的。对于这个结论，经济学家们的看法恰恰相反：越有钱的人越爱撒谎。

为了搞清不诚实的行为和社会阶层的关系，加利福尼亚大学的心理学家设计了一系列试验。研究小组的调查结果表明，特权往往诱发了不诚实的行为。有钱的上流社会受试者更有可能欺骗别人。为了赢得一张在线的礼品券，他们撒谎的程度是普通人的三倍。研究小组把这一结果公布在了美国《国家科学院院刊》杂志上。

《金融经济学期刊》的一项调查显示，生活奢侈的有钱高管对公司来说可能是件坏事。研究人员雇用了私人侦探对部分美国高管的个人资产进行了调查。他们将拥有游艇、豪车或者超级豪宅的高管们，与美国证券交易委员会公布的涉嫌欺诈公司的名单进行比较后发现，当高管们拥有了这些奢侈品后，他们所在公司涉嫌欺诈的可能性每年增长 6％。相反，由勤俭的高管治理的公司发生欺诈的可能性每年下降 61％。

美国行为经济学教授丹·艾瑞里研究发现，创造力越强，人们的欺骗程度越高。简单地说，人们越具创造力，就越能为自己自私的行为找到借口。想想那些发明垃圾债券和复杂的金融衍生产品的华尔街金融家,是如何轻易卷走普通投资者的钱的;那些设计足够复杂的股权结构的投行专家,是如何帮助富豪绕过法律把公司控制权牢牢抓在手上的。

然而菜场小贩和出租车司机却要比人们想象的更公正。在丹·艾瑞里的另一个实验中,实验者安娜维(一位盲人)去菜场买菜和打出租车,商贩为她挑选的西红柿比一般的更好,而出租车司机为她找到路程最短收费最少的路线。

清洁工会把捡到的钱包还给失主,而开发商对掠夺式涨价没有任何负疚感。电影《华尔街》的主人公戈登说:"贪婪是个好东西。"贪婪让富人们更爱说谎,他们只要把小数点后面的数字修改一下,就可能获得天文数字的超额利润,所以出现像安然公司这样的事件①就毫不奇怪。

电影《华尔街之狼》中,主人公乔丹刚进入华尔街一家大公司,老板马克·哈纳就向他传授了成功秘诀:"游戏规则就是把客户的钱挪进你的口袋里。没有人,除非你是沃伦·巴菲特,知道股票是会涨还是会跌,至少咱们股票经纪人不知道。这都是唬人的,你知道唬人是什么吧,就像是仙气,根本不存在,其实我们什么都造不出来。"

---

① 安然事件,指 2001 年发生在美国的安然公司破产案以及相关丑闻。——编者注

英国的食物为何这么乏味

英国的食物在江湖上名声很差，隔着海峡的法兰西常常对它冷嘲热讽。法国的美食可以写成厚厚的一本书，而英国的美食似乎"炸鱼加薯条"五个字就能概括了。那为何两国经济文化不相上下，但在食物上英国要差很多？大英帝国为何不在食物上创造点新花样呢？

英国食物中的标配土豆自然不用说了，这个来自美洲的玩意差点让爱尔兰人都饿死。而炸鱼也拜工业革命所赐，蒸汽渔船可以开到远洋，用拖网捕捞，捕鱼量大大增加。蒸汽火车也可以将鱼运输到离海较远的城市和乡村，因此人们吃鱼越来越容易。

经济学家保罗·克鲁格曼对英国食物乏味是这样解释的：英国的食品加工水平很差，这是由于早期的工业革命把英国人一下子从农村推进了城市，远离新鲜的食物原料，而且当时还没有大规模低价生产、储存以及远距离运输新鲜食物的技术。维多利亚时期的伦敦有超过100万的人口，但是食品运输只能靠马车。因此伦敦居民只能食用可以长期保存的食品：腌制的蔬菜和肉类或者不用冷藏的块茎类食物。等到科技发展使伦敦人能够体面地吃上新鲜食品时，他们却已经习惯了维多利亚时代的食谱，于是，乏味的饮食成为英国文化不可分割的一部分。

其实在美食这件事情上法国也没什么好傲骄的。美食的传播是自上而下的，宫廷菜谱影响着整个美食文化，但王室有多大力量创造美食，还取决于它的权力和金钱。越是中央集权,就越有可能在食物上花样翻新,比如意大利(罗马帝国)、土耳其(奥斯曼帝国)和中国都是传统的美食大国。

法国在路易九世当政时期,王权就开始蚕食领主的司法、货币和军事权,王室开始向各地派遣官吏直接统治臣民。领主丧失了征税权、铸币权和名义上的司法权,商业税收统一归王室。国王这么有钱,自然有心思吃点珍馐美馔。

而在英国,那些挑衅王权的刺头可没这么好搞定,英王一旦想搞点钱,立马会遭到贵族的反对,贵族甚至还会明刀明枪地和国王干上。1215年6月5日,在谈判桌前,贵族们得到了他们想要的契约,这就是《大宪章》。《大宪章》对王权形成了永久性限制,以法律形式肯定了财产私有权,平民的人身安全得到了保障,不经贵族同意不得征税。因此,国王的钱包和嘴巴都被管住了。

美国经济学家泰勒·柯文认为,并不是经济实力决定美食,而是贫富分化越厉害,越容易产生美食(想想《红楼梦》里的那道鸡汁茄子吧)。他说:"看看富人和穷人之间的鸿沟吧,窗户上装着铁栏和院墙上装着带刺的铁丝网,却是尝到美食的信号。"近年来英国相对自由的劳动市场和相对开放的移民政策(劳动力价格下降),使其淡然无味的食物有了很大改观。

美食对于老饕来说是件好事,但对于国家而言,可能就是一段高度集权和贫富悬殊的历史。

NO.2
那些脑洞大开的冷知识

UFO 为什么越来越少了

有一个有趣的现象，近十年来 UFO 被报告发现的次数越来越少了。

在我小时候，诸如《飞碟探索》等都是书报亭的热门读物，关于各类 UFO 的发现层出不穷，媒体不厌其烦地描述着那些充满神秘的不明物体。然而到了 21 世纪，UFO 却如同欧洲贵族一样渐渐没落。

UFO 去哪里了？是那个遥远的星球爆发了金融危机？是来往的虫洞最近关闭了？还是越来越重的雾霾使得外星人逃离地球……

比较靠谱的解释是随着科学知识的普及，人们对于各种光怪陆离的现象有了客观的看法。大多数 UFO 报告描写的其实只不过是普通的自然现象，随着知识的传播，人们知道那些不过是光线的折射、火箭和卫星的残骸或者是飞艇等人造飞行器的踪迹。

还有一个解释是大量科幻大片的出现，使得 UFO 的新鲜刺激感被大大削弱了。外星人已经多如牛毛，可能是穿着红斗篷的超人，还可能是温文尔雅的都教授。我们对不明飞行物的好奇心，受到边际效用递减规律的作用而减弱。科幻大片不断冲击我们的感受效用，什么先进的外星飞行器没在影片上见过，谁还在乎那些摇摇摆摆的小飞碟。

然而这些解释仍然无法准确回答一个问题：为什么近十年 UFO 大规模消失？知识的普及是个渐进的过程，而科幻影视作品的大量出现从 20 世纪 70 年代就开始了，来自氪星的"超人"1938 年就移民地球，"星球大战"1977 年就爆发了，而 E.T.1982 年就表演了空中骑车的绝技。

美国新古典主义经济学家、乔治梅森大学经济学教授泰勒·考文给出了一个有趣的答案：手机尤其是带摄像头的手机的普及，对 UFO 报告急剧下降起了决定性的作用。

考文教授说，我们的大脑存在各种"缓冲器"，然而这些"缓冲器"让我们容易作出错误判断。比如你在淘宝购物，"我收藏的宝贝"就是一种缓冲器，先藏着看看，反正离真正下单还早呢。但是一旦"我收藏的宝贝"变成"购物车"（这个概率是很高的），无论我们多么冷静，此刻都会有些冲动，我们的大脑被激发，重视将要得到的结果，却忽视了对个人财务可能造成的风险。用神经经济学的术语来说，我们的大脑皮层系统让我们处于"激动"状态，我们不能确切地判断自己花费的代价，并开始实施购买行为。

因此，及时关闭"缓冲器"可以大大减少我们成为剁手党的概率。同样，各种模糊的措词也是我们是否真的看到不明飞行物的缓冲器，"似乎有"，"好像是"，"刚刚还在噢"……有摄像功能手机的普及，有效关闭了这种缓冲器。

"你怎么没拿手机拍下来？"人们会这样问。

"外星人用他们的神秘射线让我的手指动不了。"这话恐怕连自己都不信。

后出手的人为什么总是会赢

我的少年时代是在录像厅里看武侠电影中度过的。那些日后想来无比狗血的剧情，在当时却看得津津有味。假如今天再看这些东西，我一定会捧腹大笑，比如：大侠接最后一只镖一定是用嘴；如果出现了女侠，那么一定有一个更厉害的男侠暗中保护；倘若两个重要角色决斗，后拔剑的那位一定会赢。

关于最后一点，我后来发现西部牛仔电影也是这个套路。在尘土飞扬的酒馆门口，正反两角开始了决斗，这个时候，一定是坏蛋先拔出了枪，只听一声枪响，两人都屹立不动，酒馆里的人伸长了脖子，忽然，扑通一声坏人倒在了地上。

当男主角轻松地吹着枪口上的轻烟时，我开始考虑这么晚回家，如何找个理由免过老爸一顿打。而有些人则不一样，他们要问一个为什么。

诺贝尔物理学奖得主尼尔斯·玻尔就曾经安排一个模拟决斗，来测试这种电影里奇闻的合理性。玻尔的同事乔治·伽莫夫扮演了先出招的反角，在一系列模拟决斗中，后出招的玻尔每一次都赢了。这位物理学家的结论是：大脑对危险作出回应比执行一个有意的动机更快。

英国布里斯托尔大学的心理学家安德鲁·威尔士曼在 2010 年也研究了这个决斗问题，他想揭示大脑对危险作出回应的方式。他的团队在实验室组织了模拟的"枪战"，两人一组的志愿者在计算机前展开"决斗"。他们发现，后出手的志愿者平均花费的时间比前者短 9%。威尔士曼推测，在立即回应至关重要而且值得担当错误风险的情况下，这种快速的、有点不太准确的反应系统可能帮助人类处置危险。"大脑拥有一个比基于决策系统快一点的反应系统是合情合理的。"威尔士曼说。

后出手制胜这种现象也普遍存在于商业中。普林斯顿大学的经济学教授阿维纳什·迪克西特说，跟在别人后面采取行动有两种好处，一种是一旦看出别人的策略，你立即模仿，比如宝洁作为尿布行业的老大，当金佰利发明了可再贴尿布黏合带，宝洁立刻模仿保持了行业统治地位。

另一种是再等等，直到这个策略被证明成功或者失败再说。在商界，等得越久越有利，这是因为商界和体育比赛不同，这里的竞争者通常不会出现赢家通吃的局面。结果是只有市场上的领头羊们对新生企业选择的航向同样充满信心时，他们才会跟随这些企业的步伐。

话说回来，当年那些编剧可没想这么多，不过他们这么编排其实也是一种后发制人的跟随策略——前面的狗血剧情也是这么编的，票房似乎还不错呢。

20世纪80年代电影中侠士们在大街上被人追杀，尽管有很多事要做，但他们知道，弄翻两旁的小摊是最重要的，因为前人也是这么干的。

穷人为什么喜欢从富人这里"偷"名字

"劳伦斯"是个在英文中很常见的名字,最著名的恐怕是传奇人物"阿拉伯的劳伦斯"托马斯·爱德华·劳伦斯上校,还有就是英国作家大卫·赫伯特·劳伦斯。

假如你读过《儿子与情人》或者《查泰莱夫人的情人》等小说,你会发现劳伦斯所有的著作封面,作者名字可不会写着大卫·赫伯特·劳伦斯,而是 D.H.劳伦斯。这仅仅是简单的缩写,还是有什么讲究吗?

文坛上的礼节要求我们尊重作家的个人习惯。比如作家埃尔文·布鲁克斯·怀特,他所有的署名都是 E.B.怀特。据怀特说,他对埃尔文这个名字一直没好感,他相信母亲为他取这个名字,实在是想不出好的名字,他排行第六,好名字已经被兄姊用光了。不过劳伦斯使用首字字母缩写却另有缘由,英国学者约翰·萨瑟兰说,这和名字在英国人听起来隐含的社会意味息息相关,同时,这层意味非常微妙。

劳伦斯的父亲是个矿工,也就是说,他出身于社会的最底层。但"赫伯特"可是一个高富帅常用的名字,它所代表的社会地位远远高于劳伦斯所处的社会地位。像这类的名字还有"西瑞尔""塞西尔"等等,这些名字对工人阶级的孩子来说,可是个沉重的负担。你可以想象,在和小伙伴们一起玩的时候,这注定要成为他们的笑话。他们会一边扔来煤块,一边喊"正宗赫伯特来了",言下之意就是上层阶级的跟屁虫。这名字好比夏屠夫的女儿取名叫"夏奈尔",劳木匠的儿子叫"劳力士"。

劳伦斯最著名的小说包括《儿子与情人》《虹》《恋爱中的女人》和《查泰莱夫人的情人》，这些小说中故事发生的地点都在作家的故乡诺丁汉郡，一个自然条件恶劣的矿区。尽管现实生活中的劳伦斯选择了背井离乡，却一次又一次地在自己的小说中描写这个生养他的地方。作家对他的出生地忠贞不贰，假如在书名上印着"赫伯特·劳伦斯"，这会让他觉得非常刺眼，所以，他用了"D.H.劳伦斯"。

那么劳伦斯的父母为何给他取了看起来很高端的"赫伯特"这个名字呢？美国经济学家罗兰·弗赖尔和史蒂芬·莱维特在 2004 年《经济学季刊》上发表的一篇研究报告，内容非常有趣。他们通过统计调查发现，1980 年最受高收入白人家庭喜欢的两个名字（Amber 和 Heather），出现在 1990 年最受低收入白人家庭喜欢的名字榜单的前两位，而此时这两个名字已从高收入家庭中消失。1990 年高收入家庭最喜好的名字（Lauren 和 Madison）10 年之后也同样成为低收入家庭的首选。

经济学家们于是发现了这样一个模式：一旦某个名字被那些收入和教育水平都较高的家庭使用，它就会很快沿着社会经济阶梯往下流传。比如"赫伯特"这个名字，曾经在高阶层家庭流行，但当这个"高档"的名字流传到普通家庭后，高阶层家庭就不再使用了。

那些社会底层的父母虽然不愿意从跟自己关系太近的人那里"偷"名字，可是他们都喜欢那些听起来比较"像成功人士"的名字。"赫伯特"这个名字很可能"偷"自劳伦斯父母听说过的某个贵族或者乡绅。当那些比较"高端"的名字开始大众化的时候，上流社会的父母便开始转而采用其他的名字。最后，那些比较"高端"的名字会变得越来越俗气（想想我们身边，那些曾经高端的名字，如"睿""涵""嘉""翰""骏"等早已卖出了白菜价）。

给孩子取名"赫伯特"，间接地反映出劳伦斯父母社会地位和受教育程度的状况。这并非孤例,和劳伦斯同个时代的英国作家赫伯特·乔治·威尔斯也出生在社会底层,他的父亲是个职业板球运动员,在阶级壁垒森严的英国,运动员不可能成为"绅士"。同样,威尔斯也讨厌"赫伯特"这个名字,原本是上层人士专用的名字,此时已经成了地摊货,那个被上流社会当作鼻涕甩掉的名字却要一生粘着他。因此,他的所有作品,无论是《时间机器》还是《世界史纲》,署名从不写赫伯特·乔治·威尔斯,而是"H.G.威尔斯"。

圣诞老人的幕后大老板是谁

在 1863 年之前，圣诞老人一直是个临时工。他就像横店影视城的临时演员，有什么角色就演什么。有时他演高大苍白的人类，有时他演小巧可爱的精灵，有时甚至要演九个不同的角色，并且各有各的性格。他穿过主教的长袍，也穿过斯堪的纳维亚猎人的兽皮，甚至他还戴过一对兔子的耳朵，用来聆听孩子们的愿望。

到了 1863 年，他终于拿到了钻烟囱的专业技术职称，有了一技之长的圣诞老人也有了固定的工作，就是钻烟囱。帮助他考取职称的是美国卡通画家托马斯·纳斯特。1863 年纳斯特在《哈泼斯》杂志上绘制了圣诞老人插图，画中的圣诞老人作为一个支持联邦制的小精灵形象出现，这个矮矮胖胖的小精灵正在往一根烟囱里钻。纳斯特绘制的这个圣诞老人形象持续了数十年。

1931 年，圣诞老人遇到了他命中贵人可口可乐公司。

这事说来有点巧合。在 20 世纪 30 年代之前，人们认为可口可乐是种只适合在大热天喝的饮料。而老板伍德鲁夫则想把这个宝贝变成四季都来钱的印钞机，于是公司展开了一场声势浩大的宣传活动，提醒人们任何时候都可以喝可口可乐。在这场广告宣传中，除了广告词改成了"渴了就喝可口可乐"，公司还需要一个形象来象征冬天。这个时候，他们把眼光落在了那个矮胖的小老头身上。

从这天起，圣诞老人有幸成了可口可乐公司的员工。他们给圣诞老人发了可乐红加白色滚边的公司制服，把他原来那件脏兮兮的蓝绿色相间的衣服扔到了窗外。可口可乐的形象顾问让圣诞老人有了体面的白胡子和灿烂的笑容,身材比原来更加肥硕,当然,最要紧的是手上永远拿着一瓶可口可乐。

圣诞老人的形象顾问名字叫哈顿·桑布罗姆。他是个在美国密歇根州出生的插画家。他翻阅了穆尔于 1822 年创作的《圣尼古拉斯的神秘到访》,以圣尼古拉斯为原型把圣诞老人打造成一个温暖友好胖乎乎的平民形象。精心包装后的圣诞老人在 1931 年的《星期六晚报》上闪亮登场。

在此后的几十年里,作为可口可乐旗下艺人,圣诞老人敬业爱岗,有一次他居然来不及驾驭驯鹿,而是开着火箭来上班;还有一次,他一时疏忽,忘了戴婚戒,读者就开始八卦,圣诞太太怎么了? 莫不是这个胖老头有了钱就……(这都哪里跟哪里的事。)

不过有些事情还真难说,在 2011 年,圣诞老人还真干了"劈腿"的事情。这次,他劈的是他的老东家——可口可乐公司。在老对手百事可乐"夏天是百事时间"的促销活动上,圣诞老人意外反水了。在新老板的授意下,圣诞老人在沙滩跳舞渴了,冲到帐篷酒吧要了瓶百事可乐。这一举动让旁边的酒保极为震惊,这个老财迷淡定地说:"我在度假,找点乐趣嘛!"

会有人因为税收选择死亡的时间吗

《择日而亡》(*Die Another Day*)是詹姆斯·邦德系列的第 20 部电影,电影名字的意思大概是挑个好日子送坏蛋们上西天。007 先生可不能死,他还要继续拿着那把德国造的华尔瑟 P99 手枪消灭敌人,当然最重要的是制造票房。

说起来"择日而亡"还真有这么回事。1990 年的《美国医学会学报》发表了一篇报告《推迟死亡以见证重大事件》,报告指出在"重大事件发生前,死亡率出现明显下降",比如说在大型的节日前,"而之后出现死亡率高峰"。

电影中我们常常看到当大仇已报(仇家挣扎的手慢慢垂下),苦主终于欣慰地闭上眼睛。事实上,有大量的轶事证据表明,特殊的事件对死亡的时间有很大的影响,比如人们想看到谁将会赢得总统选举,或者为了庆祝生日或其他纪念日延迟他们的死亡。

这听来有些不可思议,纽约市在 2000 年的第一周的七天死亡率明显高于其他时期,这个数据比 1999 年的最后一个星期高出 46％以上,老龄专家认为激增的原因是很多重病的人希望看到新千年。还有数据表明,在犹太人逾越节的前一周,死亡率大大低于之后的一周。同样在中国的春节,也会产生这种现象。

死神看起来比我们想象的更绅士。不过有两位经济学家——密歇根商学院的乔尔·斯莱姆罗德和哥伦比亚大学的沃依切赫·科普齐克,提出了更大胆的结论。他们的研究结果认为如果晚点死能使继承人少交遗产税的话,人们就会想方设法活得长点。他们的报告《为减税而亡:灵活死亡所得到的遗产税上的回报方面的证据》发表在《国家经济研究局工作报告》上。在进行了一系列缜密而有技术含量的调查之后,他们似乎找到了证据,表明人们确实能为了钱做任何事——包括死。

其实在两人之前,也有经济学家提出类似的问题,只不过尺度没有这么大。比如他们研究人们会不会特别选时间办婚礼以享受财税方面的优惠,或者会不会特别选择怀孕和分娩时间以享受好的税收福利。"如果他们计算生的时间,"斯莱姆罗德和科普齐克则问道,"为什么就不会计算死的时间呢?"

两位经济学家钻进了故纸堆里,大概整整调查了一百年的税收数据。这是个艰巨的工作,许多国家都对继承遗产的人进行征税,税种的名字不尽相同——继承税、财产税、遗产税等等。具体对什么进行征税以及税率多少每个国家也都不同,且在大部分情况下,经常会有所变化。比如美国的首部遗产税法是在1916年出台的,在各种政治压力的影响下,遗产税税率经常上下波动。

斯莱姆罗德和科普齐克研究了八个遗产税税率明显提高的时期及五个遗产税税率明显下降的时期。分析的过程相当复杂,但是结论却很简洁:"有充分证据表明,人们会尽力延长寿命以经历重大事件。遗产税方面的证据则显示:如果能为他们的后代多省点钱,那么人们就会挣扎着撑得久一点。"

同时,他们还将死亡率具体量化:每加税 1000 美元,死亡率增加 1%,而减税 1000 美元,死亡率却降低 2.5%。因此,他们的另一个结论是:人们活得更长,使他们的继承人获得较低税率的概率,远远大于为了继承人节省税款过早死亡的概率。

两位教授的结论因为过于惊世骇俗,他们获得了 2001 年的搞笑诺贝尔经济学奖。斯莱姆罗德很大度地自费参加了颁奖,他说:"有人——大概是富兰克林吧——说过,只有两件事情不可避免——死亡和税收。科学研究,甚至是社会科学方面的研究可以变得很有趣。我们的研究结果揭示的是人尽皆知的真理,那就是有钱能使鬼推磨。"

其实这个结果对斯莱姆罗德和科普齐克有些不公正。事实上，这种情况的确存在，他们的研究不是说人完全能控制自己的死亡时间，而只是表明，在边际上，濒临死亡的人能坚持得更久一点，或者早点放弃，以使结果有利于他们的继承人。更重要的是，在病危的情况下，延长生命的决定可能是其他人做的，包括潜在的继承人（通常也是有决定权拔管子的那个人）。

经济学家哈莫米斯说："我93岁的叔祖父在2004年1月2日去世，他留下了140万美元的遗产，那年1月1日起，免税遗产额从100万美元上升至150万美元，也就是说，他省下了16万美元的税收（遗产税税率是40%），我开始相信这些经济学家的结论了……"

"在新年钟声敲响的时候，儿子紧紧抓着老爸的手感激地说：'爹，你可以放心去了，新税法已经生效了，您为我们省了5000元了。'老爷子头一歪，含笑上了西天……"萧伯纳也许乐于写类似的段子，想到这一幕，还是让人忍俊不禁，尽管人为财死不是什么新现象。

那些离奇的灵异事件是怎么发生的

好多年前的一个中午，我和一家报社的摄影部主任在快餐店吃饭。他要了一份炒饭，吃着吃着他皱起了眉头，原来炒饭里掺进了一张指甲大小的纸片，他夹起纸片，正待发作，忽然愣住了，原来这张碎纸片上写着"某某摄"，而这个某某正好是他部门的摄影记者。

作家保罗·奥斯特在他的《红色笔记本——真实的故事》一书中，讲述了这样一件事情：作家朋友的女儿，当时怀有身孕，已经比预产期晚了好几周。那天她坐在自家客厅沙发上，打开电视机，电视上正好在放一部由奥黛丽·赫本主演的好莱坞老电影《修女传》，她很高兴有它来分分神，看到一半，她感到分娩的阵痛，于是丈夫开车送她去了医院，而她一直不知道电影后半段演了什么。

三年后，她又怀上了第二个孩子。她坐在沙发上，打开了电视机，电视上居然又在放那部《修女传》。更奇特的是，电影恰好播放到三年前她看到的最后那段，于是这次她把电影看完了。十五分钟后，她的羊水破了，进了医院生了第二个孩子。

我们习惯把这些事件称为灵异事件。1968 年诺贝尔物理学奖获得者阿尔瓦雷茨也遇到过生命中不寻常的事情：有一天，他打开报纸，读了一小段内容后，他的思绪飘散开来，他突然想起了几乎要忘记的一个大学时代的旧识。接着他随手翻到下一页的时候，惊奇地发现报纸上刊登了那个旧识去世的讣告。

也许此时我们已经背冒冷汗，这不是"灵异第六感"吗？而这位物理学家的想法却和我们不同，他认为超自然解释是不可信的，于是开始刨根问底，着手计算这种巧合出现的可能性大致是多大。

阿尔瓦雷茨首先估计了普通人交际圈的大小，以及普通人产生这种联想的频率。在对这些内容作出合理而保守的估计后，他计算的结果是，在得知一个人死讯的大约 5 分钟前，突然想到这个人的年均概率大约是 3×10^{-5}。如果根据美国现有人口计算，那么在美国本土，每年大约会发生 3000 起这样的巧合事件，也就是每天 10 起。

英国统计学家大卫·汉德说，看起来极其不可能的事件其实很平常。它们是一组更加基本的法则的结果，这些法则组合在一起，就会导致看起来极其不可能的事情必然会发生。根据真正的大数法则，只要给定的机会足够多，任何奇怪的事情都有可能发生。比如，如果我们一直扔硬币，扔的时间够长的话，可以肯定地说，在某个时间，我们会连续扔出十次人头朝上的图案。

对于这类"灵异事件"，美国行为经济学家托马斯·吉洛维奇说，产生错误直觉的原因是我们没有意识到，对待它们，我们能有多少次站在世界总人口的角度去观察。

芭比娃娃为什么会"出轨"

芭比有很多让人难忘的人生哲言,比如"让爱引领你,奇迹就在眼前"(芭比之森林公主);"友谊是最无价的财富"(芭比之钻石城堡);"最美好的事情就是你能做你自己"(芭比之蝴蝶仙子);"爱和想象是可以改变这个世界的"(芭比之长发公主)……当然,最让人难忘的还是她曼妙的身材。

芭比的创始人露丝·汉德勒一家是来自波兰的移民,父亲是个铁匠,为了逃避兵役,一家人乘坐蒸汽船,睡着最廉价的铺位来到了美国。露丝·汉德勒长大后开始自己创业,经营儿童吉他,生意还不错。

20世纪50年代,露丝·汉德勒去欧洲旅行,她在瑞士的时候发现了一种叫作"金发莉莉"的德国娃娃玩具,这给了她灵感。她买了三个"莉莉"回到美国,稍加改动,变成了体面的美国娃娃(芭比的名字来自她的女儿),1959年在纽约的美国玩具博览会上亮相并大出风头,一下卖出了35万个。

汉德勒夫人有所不知,她所发现的这个脚穿高跟鞋、性感撩人的"莉莉"的原型其实是一名风尘女子,这个娃娃是"针对男性市场设计的一款德国成人卡通人物"。后来的芭比当过航天员、警察、飞行员、饶舌歌手,甚至是女保镖……除了她祖先以外的几乎所有职业。

芭比这个性感的娃娃自诞生这天起,就开始受到女权主义者的围攻,在1997年的时候,美泰公司在压力下不得不增加了芭比的腰围。而在1992年的时候,芭比开始说话了,她说的第一句话是:"数学课真难。"这话孩子们爱听。到后来，芭比甚至直白地说："想去购物吗？"

据说全球销售了十亿多个芭比，美国女孩平均每人拥有十个芭比，即便中国香港的女孩，也平均每人拥有三个芭比。把芭比从头到脚排列起来，可以绕地球七圈。那么，为什么全世界的女孩都喜欢这个娃娃呢？

答案并不神秘，就是美泰公司赋予了芭比时代的生命。20 世纪 60 年代，民航业起飞的时候，她是一名空姐；到了 70 年代，她变成了戴着反战头巾的嬉皮芭比；80 年代她是穿着暖腿袜的有氧操健美教练；90 年代，芭比报名参军，抬手行军礼，然后开往伊拉克战场；在奥巴马当选前，她就当过一回黑人总统候选人。

为了证明芭比的大脑里不只是塑胶，美泰公司还给芭比安排了一个男友。1961 年，芭比在一则电视广告中巧遇肯，于是两人形影不离（顾客也得多花一倍的钱成全这对情侣）。

芭比和肯热恋了 43 年，到了 2004 年，芭比意外"出轨"了。她抛弃了那个西装笔挺的男友，爱上了一个身穿运动短裤、身材健美的澳大利亚冲浪运动员布连恩。

等等，芭比怎么可以"出轨"呢？

美泰公司说："两人各自享受好时光的时候到了。"他们还让肯背了黑锅：芭比之所以劈腿，是因为肯一直不愿意结婚，而从多款身穿结婚礼服的芭比就能看出，芭比多么渴望当新娘。不过真实的原因美泰没有说，那就是芭比的销量开始下滑，新推出的加州芭比正在逐渐下架。芭比需要新的卖点。

肯没有辩解。并且，他也没有动拳头，找个塑胶男友就这点好。也许他也早已厌倦芭比三天两头换衣服。然而可笑的是，市场并不认可布连恩这个肌肉男。小女孩们还没想好如何接受这个芭比新男友，是让他们三人睡在一起，还是让肯去和维尼熊过日子？

这是一场营销灾难。芭比的销量直线下降。芭比可以换衣服，换职业，但她没有权利做坏榜样。2011 年的时候，看着财报发愁的美泰公司高层，决定让芭比结束这段七年的"外遇"。他们说,肯过了这么多年的沉寂日子,但仍然深爱着芭比(这倒没夸张,这些年肯都在美泰公司积满灰尘的仓库里待着,谁要买这个戴着绿帽子的塑胶倒霉蛋啊)。美泰安排了肯高调复出,让他在《玩具总动员 3》中和芭比重逢,并赢回了其芳心。

有情人终成眷属,多么感人的一幕。当然,美泰还顺便推出了价格不菲的芭比和肯的纪念版套装娃娃。这回,轮到布连恩睡仓库了。

电视剧为什么每集 45 分钟

也许你正在看 TVB 的某部连续剧,在看两集连续剧的闲暇时间你瞥到这篇文章的题目。刚刚播放的一集电视剧也许是 42 分钟,也许是 43 分钟,这有什么区别呢?你也许还想到,并不是所有的电视剧都是每集 45 分钟左右,你最近看的台剧和韩剧就是 60 分钟一集,这里头有啥特殊之处呢?

原因就像某些历史剧的开头:在很久很久以前……在很久以前(最早的电视剧出现在 80 年前,而最早的电影出现在 100 多年前),胶片卷盘的片盘,一般可以容纳 15 分钟的容量。技术制约形成习惯,因此电影或电视剧的长度一般都是 15 的倍数。短片一般为 15 或 30 分钟(如早期的新闻短片),故事片一般是 90 分钟或者 105 分钟,电视剧一般为 45 分钟。

但真正的问题是:15 分钟的片盘是上个时代的事情了,拍摄电视剧后来使用的是磁带,而如今电影、电视剧使用的则是数字技术,根本不会受到这 15 分钟的制约,为什么电视剧仍然大多是 45 分钟左右呢?

现在,说书先生退场,经济学家上场。这里面的原因,就是经济学上的"路径依赖"。它的含义是有些事情当你作出了第一个选择,那么未来的道路就不可逆转地决定了。影视业已经从叙事、制作到发行、终端等各个环节适应了这个时间长度,因此改变意味着巨大的成本。

最能说明"路径依赖"原理的例子就是铁路轨距。美国使用的轨距是 4.85 英尺,这个数据是从何而来的呢?原来这是英国铁路的标准,因为美国早期的铁路都是英国人设计建造的。那么英国的标准又是从何而来的呢？答案是最初的英国铁路，是由建电车轨道的人设计的，而4.85英尺，就是电车轨道的标准。

我们继续溯源，电车轨道的标准从何而来？原来最早是以马车的轮距作为标准。那么马车的轮距——这个4.85英尺究竟从何而来？答案在古罗马人手里。4.85英尺正是古罗马战车的轮距。那么古罗马人为何使用4.85英尺作为战车的轮距呢？谜底就是4.85英尺是两匹拉战车的马的屁股宽度。

这个说法你也许觉得过于故事性，但这大半是有史可查的事实：1937年铁路轨距的国际标准就是147.8厘米（4.85英尺），而这就是沿袭了美国1835年的规格。而美国最早的铁轨，就是承袭了英国的规格。据英国第一条蒸汽机推动的铁路的设计师乔治·斯蒂文森的儿子罗伯特后来在国会上回忆说，147.8厘米轨距也不是他父亲定的，而是从家乡地区承袭来的。他说147.8厘米的轨距，"没有任何科学理论上的依据，纯粹是因为已经有人在用了"（赖建诚《经济史的趣味》）。

美国航天飞机的推进器是犹他州的工厂所提供的，如果可能的话，这家工厂希望把推进器造得胖一些，这样容量就会大一些。但是他们实际上是不可以这么做的，因为这些推进器造好后，要用火车从工厂运到发射点，路上要通过一些隧道。而这些隧道的宽度，只比火车轨道宽了一点点。马屁股的宽度决定着航天飞机的规格。

今天你坐在宽敞的日本新干线列车或者中国高铁中，你脚下的铁路轨距，正是两个马屁股的宽度——147.8厘米。历史就是这样不可思议，45分钟的电视剧也是由工业时代的一卷胶片决定的，就像一英尺的长度是由一位国王的脚长决定的。

电视剧为什么越来越长了

我始终没能把《甄嬛传》看完，当我得知这部宫廷戏有 76 集，顿时望而却步。我还注意到，电视剧的集数越来越长，比如《北平无战事》有 53 集，《离婚律师》有 46 集，而早些年上映的《打狗棒》有 70 集，《精忠岳飞》有 69 集。当然这些和《新三国演义》95 集、《新隋唐英雄传》120 集相比都算不了什么。

在 2008 年前后，30 集大约已经成为常规热剧的一个长度底线，如《潜伏》《媳妇的美好时代》《黎明之前》，那么现在电视剧为什么会越来越长呢？

电视剧有多长当然不是导演自己拍拍脑袋决定的。电视剧本身意味着烧钱，大量的影视传媒公司上市，给这个行业带来了充沛的资金，而源源不断的资金涌入使得烧钱成为可能。

时下这些长剧，有着完整严密的故事逻辑，剧中人物钩心斗角，故事一波三折，遗漏任何一集恐怕就很难跟进剧情发展。而我们从前在看《我爱我家》或者《编辑部的故事》这些长剧时，任何一集都能够让我们很容易进入剧情，从前肥皂剧这种特有的恣意蔓延的叙事结构，使任何人随时打开电视都能迅速领会剧情。

制作一档让偶尔收看的观众看不懂的电视长剧无疑是商业自杀。如果观众没有耐心，收视率会瞬时化为泡影。那么超长剧是怎样留住看剧者的耐心的呢？

多伦多大学经济学家甘斯回答了这个问题。他说，时移技术（观众可以任意回放过去即时性节目的技术）的发展给电视收入模式带来了有趣的变化。现在我们可以在互联网上看电视，或通过数字电视实现暂停或快进，时移技术使观众能够按需收看电视节目。

甘斯说,时移技术也为复杂的情节发展提供了舞台。借助于数字和网络技术,人们可以随时补上之前错过的节目。由于错综复杂的情节布局容易让人着迷,它们天生就适合通过时移技术进行传播。

电视剧曾经有过黄金时代,在我们缺乏娱乐产品的 20 世纪八九十年代,没完没了的日剧、港剧、巴西剧让观众牢牢地坐在电视机前,这个时代人们的集体回忆就是某部电视剧,我们回忆起某个年份会说,这是播《女奴》、播《血疑》,或者是播《射雕英雄传》的那年。

时移技术让电视剧重新回到了黄金时代,而社交网络的兴盛又诞生了更多的电视剧粉丝,我们喜欢向其他人推荐好看的节目,我们也需要听取其他人的建议以判断什么节目值得一看。如果缺席观看某部大家议论的新剧,你会觉得和周围人缺少共同语言而格格不入。

以前,一个正直的嫔妃娘娘身边只有一个恶人在作祟,现在却有着好几个坏人轮流陷害她,写这个新剧本的编剧名字叫"资本"和"市场"。

键盘的排列到底藏着什么秘密

杰克·伦敦是一个勤奋的作家，他一天要写作 15 小时，勤奋程度堪比淘宝店主。在那个时代，他已经开始用打字机写作了："我姐夫有台打字机，白天他要用，到了晚上我可以随便用……那台打字机一定是打字机时代第一个年头里的第一种型号……我得拼命地敲字母，从食指到肘部一起使劲，指尖的水泡破了又长。"

杰克·伦敦说这话是在 1897 年，他使用的是一台"Blick"牌子的打字机，用过的人都说这是一头可怕的妖怪（连杰克·伦敦这样的文坛钢铁侠都受不了）。其实早在二十多年前，标准键盘（我们今天所用的 QWERTY 键盘）已经上市，不过它在市场上还没站稳脚跟，市面上有很多键盘和它竞争，Blick 使用的就是另一种叫"Ideal"的键盘。

斯坦福大学经济系教授保罗·戴维曾就键盘问题，在美国顶尖经济类刊物《美国经济评论》上，发表了论文《克莱奥和 QWERTY 经济学》（克莱奥，即 Clio，是古希腊的历史女神，这里指对 QWERTY 键盘历史的思考）。

区区键盘这等小事为何会出现在世界顶尖学术刊物上，并且还搬出了克莱奥女神？我们得先从键盘的历史说起。

1868 年，美国排字工克里斯托夫·拉森·肖尔斯获得了打字机模型专利，并取得了经营权。在刚开始的时候，肖尔斯是把键盘字母键的顺序按照字母表顺序"A、B、C、D、E、F……"安装的。后来，肖尔斯听从了他的数学家妹夫的建议，改成了 QWERTY 的布局。肖尔斯告诉公众，打字机键盘上字母顺序这样排列是最科学的，可以加快打字速度。

在英文中有 70％的单词是由 D、H、I、A、T、E、N、S、O、R 这 10 个字母组成，如果制作一台效率最高的键盘，就要让这 10 个字母放在手指最灵活的位置上。而你仔细观察键盘的排列，会发现情况并非如此，比如 A、S、O 等常用字母并不是由食指和中指控制；大多数英文打字员惯用右手，但该键盘左手却负担了 57％的工作；两小指及左无名指是最没力气的指头，却频频要使用它们；排在中列的字母，其使用率仅占整个打字工作的 30％左右……

一句话，这种键盘排列糟糕透顶。

这就是 QWERTY 标准键盘的秘密：它的排列原则不是加快打字速度，而是降低速度。

保罗·戴维在论文中解释道：在早期的打字机设计中，键盘和铅字连动杆之间的机械装置，其运转速度甚至比一个中等熟练的打字员的打字速度还要慢，铅字连动杆经常会纠缠在打字机的滑架上，速度一快打字过程就会中断。在那个时代解决的方法就是使出现频率最高的字母在键盘上相邻的概率最小化，以降低打字速度。

英国打字机博物馆馆长威尔弗雷德也同意这种意见："这种所谓'科学安排'以减少手指移动距离的说法，是彻头彻尾的谎言。对字母的任何一种随机性的安排，都会比现在这种安排合理。"

1873 年，雷明顿公司购得了这项专利，并开始了打字机的商业生产。但是到了 1879 年，克兰德尔发明的打字机把字锤安放在圆柱套上，从而完全避免了卡键问题。这时候，市场上就出现了比 QWERTY 键盘布局更符合打字工程学原理的键盘。比如杰克·伦敦使用的"Ideal"键盘，就把 D、H、I、A、T、E、N、S、O、R 放在打字机的基准行上（就是三行字母键的中间行）。

QWERTY 键盘被淘汰是迟早的事情了。

但是一件偶然的事件却改变了人类键盘的历史。1888 年 7 月 25 日,在美国辛辛那提举行了一场打字比赛。比赛中,一个来自盐湖城的法庭速记员麦古瑞,使用 QWERTY 布局的打字机和盲打方法,以绝对的优势获得冠军和 500 美元的奖金。麦古瑞显然是第一个熟记 QWERTY 键盘并会盲打的人。

戴维认为,麦古瑞选择了 QWERTY 键盘完全是偶然的,但这一事件确立了人们对雷明顿公司 QWERTY 键盘布局更先进的看法。QWERTY 键盘也成就了雷明顿打字机。在作家中,乔治·奥威尔、阿加莎·克里斯蒂、福克纳都喜欢台式雷明顿打字机。不过"007"的作者伊恩·弗莱明最喜欢的是皇家牌打字机,为了让打字机更有皇家气派,他还特地给打字机镀了金。

QWERTY 键盘一旦成为主流,练习教材就会按照这个标准出版,打字员就会按照这个标准培训,于是规模经济形成,人类就注定永远和这种低效率的 QWERTY 键盘捆绑在一起了。这才是保罗·戴维要说明的核心——"路径依赖":经济现象会受到历史轨迹的影响,一旦选择了第一步,以后的道路就不可逆转,因为再次作出改变的成本太大了。

《婚礼进行曲》是怎么来的

当新人迈入婚姻圣殿时，瓦格纳的《婚礼进行曲》缓缓响起，这首曲子旋律轻快，让所有听众心情愉悦。

然而大多数人可能不知道这首曲子的来历。

这首曲子其实是来自歌剧《罗恩格林》中的一支曲子。《罗恩格林》的主人公是一位名叫罗恩格林的骑士，这位骑士在和他的心上人艾尔莎结婚的时候定下了一个约定，艾尔莎永远不探问他的姓名和来历。但是后来艾尔莎忍不住违背了这个诺言，两人只好分手了。

夫妻之间可能存在一些秘密，如果我们执意要知道所有真相，那么我们可能会犯艾尔莎的错误。

一项来自美国公共注册会计师协会组织的研究发现，十个有伴侣的成年人里面三个在财务中有不忠的行为。这项研究发现钱这个问题是夫妻间最普遍的争论点，平均每个月能导致三次争吵。一位婚姻管理的专家说："经济问题在婚姻中是关系破裂的导火索。"

日本作家村上龙说："幸福是要靠秘密和谎言支撑的。"当妻子成功查获丈夫的小金库时，封杀了他所有私房钱，在胜利的同时，她或许也捅了婚姻的马蜂窝。

在婚姻中双方应该彼此留有空间，打破砂锅问到底并非最明智的选择。当你的枕边人在梦中喊着别人的名字，你要坚信是你自己听错了（如果你把对方一脚踹醒，严刑拷打，那么真正的悲剧可能会发生）。尼采就坚持认为："我们需要艺术(策略性的欺骗)，以免我们死于真相。"

法国有出戏剧，一个名叫高兰的农夫为了赚钱离家出走，不久老婆找了一个有钱人，但后来又对他厌烦了。当高兰发了财回到家里时，看见一口新锅，他问妻子："这是哪儿来的?"妻子答道："这是上帝的怜悯。"高兰没有再问，突然，他又看到一个小孩，不禁惊呆了："那么这个呢?"妻子答道："……这也是上帝的怜悯。"高兰沉默片刻后说："那么，让我们感谢上帝吧。"

所以，当我们听着《婚礼进行曲》这首曲子时，还必须明白一个道理：新娘(新郎)最好不要对"另一半的过去"刨根问底。

星相大师在金融市场能混到饭吃吗

　　20 年前,里昂证券的风水大师发表了首份股市风水报告,意外猜中当年恒指的主要转折点,从此一炮走红。不过接下来就没这么好运气了。比如 2011 年,里昂证卷又预计该年股市行情看好,但最终亚洲地区各大指数下跌两成左右(如果听从了大师的建议,估计只有哭爹喊娘的份)。

　　但所谓风水轮流转。里昂证券的风水大师 2012 年年初预测:龙年的恒指 6 月份跌幅明显,8 月份起将出现转机,升势将持续至 10 至 11 月份,股市宛如一条巨龙从深渊中快速升起。"2012 年属水龙年,龙年代表权力交接分水岭,所以预料港股先低后高。"离奇的是,龙年的风水指数报告居然相当靠谱。恒指在 6 月份跌入全年最低点,接下来的走势的确是"龙跃深渊"。

　　不过这并不能代表什么。如同很多电影的开头:"如有雷同,纯属巧合。"著名的投行高盛曾通过回归分析法对日月食与金融市场价格的关系进行了验证,结果发现日月食与日本股市及美国国债收益率确实存在统计上的联系。不过高盛比较有自知之明,他们承认,随机抽样的数据也能找到类似的关系,所以此结论不能证明金融占星学是成立的。

　　几年前,哥本哈根的一个金融学教授加布里埃莱·莱波里查阅了纽约证券交易所指数、标准普尔 500 指数、道琼斯综合指数,以及道琼斯工业平均指数 80 年来的数据,试图找出这一期间 362 次日食和月食对投资决策和经济的影响。莱波里说:"股市是迷信的温床。"他发现,在被认为不吉利的迷信事件发生期间,比如日食月食，股市收益也会低于平均值。

新加坡学者简明（音）、张淮（音）和美国学者大卫·赫舒拉曾一起发布了他们对中国IPO（Initial Public Offerings，简称IPO，即首次公开发行股票）市场1991年到2005年数据的研究报告，指出了数字迷信跟金融决策的关系。他们发现股票上市代码里幸运数字出现的频率高于概率，而且越是大企业代码里幸运数字越多。例如，在深圳交易所里，股票代码里幸运数字出现的频率比实际概率高出22%，不吉利数字出现的频率则比实际概率少了17%。

英国科学促进会也曾作过一个实验，让一位金融占星师、一位资深分析师以及一个小屁孩展开股市投资PK。占星师仔细研究了各家公司的设立日期，并夜观天象，很快确定了自己的投资领域；分析师凭借七年的丰富经验，也锁定了投资重点；只有小屁孩对股票是随机挑选的。不料随后的一周，股市出现了剧烈波动，无论是金融占星师还是资深分析师都没有预见到这场风暴。最终小屁孩以最小损失赢得了比赛。

好在人家是占星算命的，靠的就是嘴巴灵活。这位金融占星师很快给自己找到了台阶："如果我事先知道那个小孩是巨蟹座的，我根本就不会参与这场比赛。"他依旧将投资失利原因归结于星象。

狼烟真的和狼粪有关系吗

公元前 144 年 6 月的一天，雁门关上的士兵看到了滚滚而来的匈奴骑兵。负责通信的信息传递长官，也就是烽燧长，大喊一声，命令士兵点起了狼烟。

如果你手头有一本《现代汉语词典》，它会告诉你"狼烟"是什么。词典对"狼烟"是这样解释的："古代边防报警时烧狼粪升起的烟，借指战火。"唐朝志怪小说家段成式在《酉阳杂俎》中说："狼粪烟直上，烽火用之。"北宋名臣陆佃在《埤雅》中也提到："古之烽火用狼粪，取其烟直而聚，虽风吹之不斜。"

不过一个叫作威廉·林赛的美国学者，却对"狼粪说"提出了质疑。他怀疑的工具是最简单的经济学原理：供给和需求。

首先，林赛分析了狼烟的需求。2007 年至 2009 年，中国国家文物局曾对明长城进行了全面的勘测，明长城全长 8851 公里，其中守护京师的部分长为 388 公里，上有敌楼和烽火楼 1675 座。林赛说，如果我们设想一下，为每座敌楼和烽火楼准备一筐两公斤重的干狼粪以备用，那么总共需要 3350 公斤，即 3 吨多狼粪。依此类推，用在整个明长城上的狼粪得重达 50 多吨。

那么市场是否有这么大的狼粪供给呢？林赛的分析是，蒙古狼是以几只到几十只为一群的群居动物，而且有严格的领地概念。研究表明，狼所占地盘的面积大小依赖于被捕食动物来源的多寡，小到十几平方公里，大到上千平方公里。如果狼粪是主要烽火原料的话，狼粪的寻找工作则是一个耗时费力的巨大工程。长城烽火传递功能在明时频繁使用，要做到供求平衡是异常困难的。

在这里，狼粪的需求和供给严重脱节，但要命的是价格信号无法提高供给，你既不可能抬高价格让狼增加排泄物产量，更不可能让打仗的士兵整天候着狼出恭。也就是说，狼粪不会出现所谓的市场均衡，同时价格也无法调整这种短缺。

历史的真相或许是狼烟和狼粪没半毛钱的关系，这件事干吗不实验一下呢？

《狼图腾》的作者姜戎（原名吕嘉民）就专门作过这个实验："烧狼粪就像是烧羊毛毡，冒出的烟是浅棕色的，比干柴堆冒出的烟还要淡。干柴烧成了大火，狼粪也终于全部烧了起来，最后与干柴一起烧成了明火，连烟都几乎看不见了，哪有冲天的黑烟？就是连冲天的白烟也没有。哪有令人胆寒的报警狼烟？哪有妖魔般龙卷风状的烟柱……"

中国最重要的边防安全，显然不可能维系在这些稀缺的粪便上。"狼烟"这件事从唐朝开始就以讹传讹，烧狼粪变成了事实。比如明朝的大将戚继光就抱怨说，南方的狼粪太难找了。

那么古代烽火台燃烧的究竟是什么呢？敦煌学者李正宇曾在西北地区的许多烽火台遗址里发现燃烧芦苇、红柳等植物留下的残迹。因此，他认为烽火台燃烧的实际上是芦苇、红柳，甚至是杂草。

至于为什么古人把烽火称作"狼烟"，李正宇认为，狼是古代中国匈奴、突厥、吐蕃等民族共同崇尚的图腾。这些民族的军队在当时被中原汉人称为"狼兵"，其君主被称为"狼主"。所以，古代汉人把这些少数民族入侵时汉人特地燃起的烽火称作"狼烟"。在《狼图腾》中作者则写道：将"狼烟"作为最恐怖的草原民族进攻的象征，暴露出汉民族的羊性或家畜性的性格本质。

两千年前的某一天，士兵们在一座烽火台里反复背诵着烽火使用手册：匈奴人白天入侵，举起两个蓬（笼状的草编物），同时点燃一堆积薪（柴堆）；晚上入侵点燃一堆积薪，同时在烽燧周围的墩墙上点燃苣（用芦苇或芨芨草绑扎的草把）火，直到天明不准熄灭……他们一遍一遍地将使用手册灌入脑海，一遍一遍地记忆。士兵们不时向远方眺望，等待着那些比草原狼更凶残的敌人。

黑社会怎么样识别卧底

坦娅是个英国的人类学家,不过她研究的可不是拿着长矛追豹子的原始部落,而是生活在伦敦的女巫。

现代女巫和我们也没啥区别,坐着地铁,用着 iPhone,但是要融入她们这个圈子可不容易。坦娅发现,这些女巫的集会有个不同寻常的特征,就是**裸体开会**。

裸体其实是一种甄别手段,因为女巫集会也担心其成员不是参与者而是旁观者,坐在那里暗暗取笑整个过程。如果你真正相信女巫这码事,那么裸体坐在那里的代价相对较小,但如果你是个怀疑论者,脱光光坐在那里自己都觉得很尴尬。

因为毕竟只是加入女巫这个圈子,所以甄别的代价相对不是太高,脱光了衣服开会就当在澡堂子蒸桑拿。而经济学家最感兴趣的还是黑社会甄别警方卧底的方式。

如同裸体开会一样,黑社会有些简单的甄别方式,比如文身。如果要潜入一个帮派,警察特地去文身这个代价就很大,再比如砍人等犯罪行为。这些简单但管用的方法可以把大部分卧底筛选出来。

你千万不要以为黑社会成员只会砍砍杀杀,他们的智商可不低。"如果一个人在做一件事情的时候很不专心地看着另外一个人,他就是警察。"这是电影《无间道》中一个黑社会马仔临死前对警方卧底陈永仁说的。如果这个马仔潜心研究经济学，他很有可能获得诺贝尔经济学奖。

现代经济学的一个关键概念是"信号"，这是由诺贝尔经济学奖得主迈克尔·斯宾塞发展的概念。信号是区别一类人和一个有意模仿者行为的标志，因为这个行为代价过高，模仿者很难做到。美国联邦调查局探员乔·皮斯顿说："如果有模仿黑社会成员的痕迹，黑社会成员便会察觉到。"

相对于行为方式来说，更昂贵的信号是时间。"说好了三年，三年之后又三年，三年之后又三年，都快十年了，老大！……再做，再做我成油尖旺老大了，到时怎么办，你抓我啊？"陈永仁曾经这样向上线重案组黄警司抱怨。然而他可能不知道，正是这个昂贵的时间成本，让他的警察身份无法被识别，从而使得他在三合会混得如鱼得水。

甘贝塔是牛津大学的社会学家，他一直利用经济学的工具来研究犯罪，并得出一个有趣的结论：牢狱生活提供了一个完美可信的信号。鲜有卧底警员会请缨在监狱中度过四到五年的时光，所以较长的刑期对于试图打造"资历"的罪犯来说是一种资产。

甘贝塔的理论对于警方来说或许是致命的，因为凭着这个理论，无论再怎么老辣的警方卧底都会被黑社会迅速清理出来。

我不知道黑社会不砍人的时候看不看报纸，但愿他们没有阅读经济专栏的习惯。

NO.3

聊聊经济学家们的八卦

经济学家的乌龙球

小阿尔弗雷德·马拉伯是《华尔街日报》的财经专栏作家,当他在这行混了几十年后忽然感慨道:"经济学说好听点是一门伪科学,说得不好听,就是纯属瞎掰。"

马拉伯这么说是有道理的,在经济学界这个江湖中,三山五岳门派众多,如供给学派、货币学派、理性预期学派、凯恩斯主义、新自由主义等等,对同一病症常常开出截然不同的方子,对象是个活人的话早医死几十遍了。如果是武林门派倒也简单,大家扑上去干上一架就立见高下,裘千丈再能忽悠,也禁不起欧阳峰一巴掌……可惜经济学家没这么豪爽,只能靠嘴皮争个高低。

第二次世界大战以后的美国有个奇特的现象,每当华盛顿的总统经济顾问委员会(Council of Economic Advisers, 简称 CEA)主席一职因种种原因空缺时,便是美国经济发展最好的时候,无论从就业率、经济发展率、贫困率哪个指标来看。而一旦主席的宝座有屁股占着时,经济就开始往下滑。像哈伯·斯坦和查尔斯·舒尔兹这样的一代经济学大侠任职期间,贫困率也以 2% 左右的可怕速度增长。

1975 年,经济学家库普曼斯与列奥尼德·康托罗维奇共同获得当年的诺贝尔经济学奖,他们的获奖论文是《资产分配的最优理论》,这两位专家号称根据他们的理论投资就无往不利。当时有好事的记者问:"既然这个理论这么厉害,你们有没有想过用这笔奖金来证实这个伟大的理论呢?"二老捋着胡子自豪地答道："我们正准备如此。"很快他们就用自己的无敌理论把得到的奖金亏光了，只有在老婆面前跪搓衣板的份了。

无独有偶，1997年美国经济学家默顿和斯科尔斯以期权定价理论获诺贝尔奖，二人摩拳擦掌组建投资公司，不幸的是用他们自创的全世界最厉害的理论进行期货市场交易时，却屡屡失败直至关门。

在胡佛时代，经济学界威望最高的莫过欧文·费雪，他当时的地位如日中天，相当于经济学界的"南帝北丐"。不过总统本人似乎对他很不"感冒"，从没让他进入过总统顾问的班子。总统的顾虑是有远见的：在1929年美国大股灾到来前夕，费雪还喝着红牛振臂高呼："股价将达到某种持久的高峰状态。"这有点像中国股市达到6000点时那些股神的忽悠："黄金十年才开始，股指万点不是梦。"在那场股灾中，不少人顷刻间倾家荡产。欧文·费雪几天之中损失了几百万美元，从此负债累累，直到1947年在穷困潦倒中去世。

在20世纪80年代有个经济学家不甘寂寞，准备在股票市场上小试牛刀。他与朋友合开了一家公司，专门向人提供股票投资的建议以及代理股票买卖。结果客户不是套牢就是"割肉"，亏得哭爹喊娘。而他自己的收入连房租水电都不够支付，在赔了几百万美元之后只好惨淡收场，从此专心作经济理论及宏观经济趋势的研究工作，后来他进入了美联储。他的名字是艾伦·格林斯潘。

经济学家的西洋镜

希拉里·克林顿是个厉害的女人，不但能看穿花男人，还能识破经济学家。2008 年的夏天，作为参议员的希拉里提议缓征美国联邦燃油税，ABC 新闻台的名嘴乔治·斯特凡诺普洛请她举例，有哪一个经济学家赞成这种做法，不料希拉里回答道："我才不会上经济学家的贼船呢！"

希拉里的回答说出了某种真相。一位从政者曾私下说："我一生中最快乐的时光，就是在没有认识经济学家之前。"而美国经济学家肯尼斯·鲍尔丁则说："如果你的想法不值一驳，那么请让你的想法变得晦涩难懂，否则大众就会轻易发现毛病；如果你不把要说的故事讲完整，同时你还谈论 GDP 和替代效应，并且不触及寡头垄断问题，回避解决办法，那么你的著述将受到社会的广泛重视。"

经济学是门奇怪的学问，对任何一位经济学家而言，一定存在着一位与其实力旗鼓相当同时观点又与自己完全相反的经济学家。也唯有经济学这一门学科，会出现两位学者互唱反调，却分享着同一个诺贝尔奖的情况（1974 年度诺贝尔经济学奖授予纲纳·缪达尔和弗里德里希·哈耶克就是个例子）。温斯特·丘吉尔也曾经说过，如果把两位经济学家关在一间屋子里，那么你将得到两种观点，除非其中一人是凯恩斯，在后一种情况下，你将得到三种观点。

有个笑话是这样的：有一次克林顿和叶利钦在首脑会谈的间歇闲聊。叶利钦对克林顿说："你知道吗？我遇到了一个麻烦。我有一百个卫兵，但其中一个是叛徒，而我却无法确认是谁。"听罢，克林顿说："这算不了什么。令我苦恼的是我有一百个经济学家，而他们当中只有一个人讲的是真话，可每一次都不是同一个人。"

英国《金融时报》专栏作家卢克·约翰逊抱怨道："我看不出职业经济学家有什么用。他们声称自己了解贸易和金融，了解市场和信贷，可是我很难看明白他们昂贵的建议和深奥的辩论有什么实际效益。西班牙等国家已经被失业率压垮了，对于这种灾难，经济学家们给出了什么务实的解决方案？"这让人想起一个笑话，有一个经济学家的妻子考虑和丈夫离婚，她说："他所做的一切就是站在床头告诉我，一切会好起来的。"

卢克·约翰逊的抱怨是有道理的，大多数经济学家都认为政策制定者、金融家、创业者应该更好地倾听他们的预测和观点。可是对于金融危机和房地产泡沫，又有谁提出准确预测呢？（最可气的是，经济学家的研究成果通常昭示世人，最佳买入的时间在去年。）

在经济学家中，最坦诚的恐怕要属罗宾逊夫人了，她说："我学经济学的目的就是想让自己不受经济学家的骗。"

不穿衣服的经济学家老婆

1921 年,舞蹈家丽迪亚·洛波柯娃随着剧团来到伦敦。剧团上演了《睡美人》,结果是观众看着美人昏昏欲睡。但在稀疏的前排观众席上,有一名观众两眼放光,他就是大名鼎鼎的经济学家凯恩斯。

凯恩斯结交女朋友的水平和他的学识一样堪称一流。不久,访客就听到凯恩斯家楼上的地板传出砰砰的跳舞声,而那位芭蕾舞明星,也有了新身份:凯恩斯夫人。

虽然丽迪亚从不知道凯恩斯的书里写的是什么,但并不妨碍两人的愉快生活。丽迪亚生性奔放,有一次大热天,丽迪亚热不可耐,居然脱光衣服,坐在冰箱前纳凉。这还罢了,据凯恩斯的侄子米罗回忆,丽迪亚喜欢在她的乡间别墅裸体晒日光浴。米罗当时只有六七岁,他问叔父:"婶婶这样晒太阳,若被陌生人看光光会怎么样?"

凯恩斯不以为意地回答:"他们会不敢相信自己的眼睛。"(反正自己也没损失啥,就当给大家发福利,果然是经济学家。)

丽迪亚并不喜欢经济学家,觉得他们语言无味,也始终搞不懂他们在说什么。而有的经济学家的老婆功力则不一样。

麻省大学的经济学教授伦纳德·列平有一次家里水管漏水,于是老婆便要求他去修理,不料这位经济学家说:"你还是叫水管工吧,我的顾问费很高,时间很值钱的,这就是我的机会成本,机会成本你懂吧?水管工的收费不及我的收费的一半，所以让我去修水管是不符合经济学的。"说完，列平居然上楼去看橄榄球赛了。他老婆冷冷地说："什么经济学家，谁信你的鬼话，你看球赛并不值一百块一小时。"

美国经济学家罗伯特·卢卡斯是理性预期学派的创始人，他的经济理论的基本前提是人们可以作出理性的正确的预期。卢卡斯的婚姻生活并不美满，他和老婆科恩的感情不像凯恩斯夫妇这么和谐，于是两人决定离婚。哪知老婆早就受到理性预期学派的耳濡目染，1989 年在正式办理离婚手续时，她提出如果卢卡斯在 1995 年 10 月 31 日前获得诺贝尔经济学奖，她就要得到其中一半的奖金，否则就不签字。

卢卡斯对自己获奖的可能性进行了全面的分析，他很清楚自己的成就，拥有相同分量的同行不在少数，于是爽快地签了字。就这样相安无事地过了五年多，在 1995 年 10 月 21 日，距离婚协议上的期限只差 20 天，卢卡斯获得了诺贝尔经济学奖。他不得不乖乖按离婚协议将 100 万美元的奖金分给前妻一半。这时他才明白，老婆原来是传说中的少林寺扫地僧，理性预期学大师中的大师。

哈佛校长为什么"歧视"女性

哈佛前校长劳伦斯·萨默斯曾是扎克伯格的命中贵人。小扎 2002 年就读于哈佛大学，两年后推出了 Facebook。随着事业取得巨大成功，他以前的合作者们指责他盗取了他们的想法，并向哈佛管理层提起了申诉。事情最终闹到了萨默斯那里。他拒绝干预，于是那些学生指责萨默斯在法律方面不专业，萨默斯不屑地说："我的上份工作可是美国财长。"

这个萨默斯绝非等闲之辈，他是哈佛历史上最年轻的终身教授，曾经获得过克拉克经济学奖。他家世显赫，舅舅肯尼斯·阿罗和叔叔萨缪尔森都获得过诺贝尔经济学奖，他本人还担任过世行首席经济师和美国财政部部长。

扎克伯格在 2006 年离开了哈佛，而萨默斯也是这一年离开哈佛的，不过他走得可有点狼狈，原因是他的言论有歧视女性嫌疑，这在美国知识分子圈子里可是不能容忍的。那么萨默斯为何会说这样的傻话呢？

2005 年，萨默斯在一次演讲中提到自然科学和数学领域女教授很少的问题，很多报刊指责萨默斯在暗示"女性在数学方面先天不足"。《纽约时报》认为萨默斯的话表明"内在能力的欠缺，有助于解释为什么大学里能够达到顶尖水平的女性比男性少"。萨默斯在 2006 年辞职，取而代之的是哈佛 371 年历史上第一位女校长——谁说女性不如男。

其实说萨默斯歧视女性真是有点冤枉他。他的研究的确隐含着男女智商方面存在差异，但是他并没有说"女性的平均智商比男性低"，而只是强调"男性智商可能比女性智商波动更大"。"顶尖水平的女性比男性少"，这句话还有另一个隐含意思，"作为傻瓜和蠢蛋，男性比女性更多"。

　　萨默斯的结论是这样得来的，12年级学生中男生和女生在数学和自然科学方面的平均得分并没有显著差异，但是大量的研究表明，二者得分分布的尾端有差异。在自然科学和数学方面取得最顶尖成就的5％的12年级学生中，男生是女生的两倍（同样在表现最差的5％中，男生也是女生的两倍），因此，萨默斯唯一的观点就是：男性的智商标准差（不稳定性）也许比女性高20％。

　　如果萨默斯当时的说法换成"在研究机构滥竽充数的蠢蛋主要是男性"，可能大家就哈哈一笑。其实萨默斯说的也不是新东西，在投行中，女性交易员的成绩远远比男性稳定，因为睾丸激素和皮质醇让男性交易员过于兴奋或者恐惧，比如1993年智利的一个期货交易员达维尔大叔一连串的乌龙操作，让公司损失2.7亿美元，占到该国当年GDP的0.5％。而女性身体中的皮质醇只有男性的10％，她们的决策更理性，所以不管"股神"还是"灾星"大多为男性占据。

经济学家为什么爱读讣告

夏洛克·福尔摩斯习惯每天叼着烟斗看报纸,不过他从来不看诸如大英帝国形势一片大好,首相大人发表重要演说……他最关心的是报纸的启事和讣告消息。在他看来,这些短短的文章隐藏着很多重要的信息。

经济学家同样喜欢读讣告,他们可不是为了寻找破案线索,更不是为了看看老对头有没有撒手归西,而是想从中挖掘重要的经济信息。

第二次世界大战期间,盟军迫切想了解德国境内的损伤状况。经济学家想出了一个方法:阅读各地报纸地方版的讣告。德国文化长久以来对讣告相当看重,讣告对死者的生殁年、职业、阶级、服务单位、死亡地点都有详细记载。美国通过驻瑞士领事馆,搜集德国各地的讣闻,样本数约为各地报纸种数的1/4。分析者通过1941年6月22日到1942年10月31日之间的官兵伤亡统计,得出一个比例:每阵亡1个军官,就会有21.2个国民死亡。

经济学家还发现,阅读讣告对投资大有帮助。美国普渡大学的经济学教授马拉·法西欧等人使用了一种特别的方法,研究了政治家意外死亡对其家乡企业的影响。他们评估了123起政治家死亡和1700多家公司的股票价格,发现了一个强烈显著性的关联:政治家的意外死亡,将降低那些公司总部在政治家家乡的公司股票价格。受其影响,这些企业的股票价格将偏离整个股市大方向2%。

同时,经济学家还注意到公司个体之间的区别。那些家族型企业从政治关联中获得更多好处，它们的股票在政治家意外死亡之后也会疲软得多；较小规模企业的股票价格会因为失去庇护遭遇更大比例的下降，而大企业因拥有与政治家的广泛的关联网络而损失较小。一家大企业可能同时为两个处于竞争关系的政客提供金融支持，这使得大企业可以较少依靠某个个体的庇护。

另外，越是腐败盛行的地区，政治家对股市的影响就越大。20世纪90年代苏哈托传出健康问题，与苏哈托政府保持密切关系的企业股价平均下跌25％。要知道2007年苹果公司发布iPhone手机，其股价才上涨了8％。

法西欧的理论告诉我们，当看到政治家意外去世的讣告后，投资者应该迅速作出决策，股票市场的反应将会在政治家死亡后10天之内慢慢积蓄并最终爆发出来。

经济学家最不希望看到的可能是同行的讣告，但也许有人爱看。据说一位芝加哥学派经济学家死于贫困。为办葬礼，有人发起当地期货商募捐。一位商界大佬接到捐款一元的通知，奇怪地问："就一块钱？一块钱就可安葬一个经济学家？这是一百块，可以安葬一百个。"

最低工资为啥让经济学家掐架

"最低工资"这件事在经济学界仿佛是条楚河汉界，反对的属于行内人，赞成的则是门外汉。

经济学家张五常说："'最低工资'是我知道的、唯一的没有任何经济学者赞同的政策。经济这门学问傻佬甚多，什么发神经的政策也有行内君子支持，只是最低工资没有。"

经济学家反对的理由很简单：比如我是个小企业主，手下雇了七个人，每小时给五块钱。当最低工资调整到七块钱时，我为了保持生产成本，很可能只雇五个人。因此最低工资的提高，会增加失业率，尤其是年轻的、非熟练工的失业率。美国"最低工资研究委员会"调查表明，最低工资上升 10％，会导致年轻非熟练工失业率增加 1％ 到 3％。因此最低工资法旨在保护弱势群体，然而最后受伤害的，还是弱势群体。

不过张五常有所不知，经济学界愿意做"傻佬"的大有人在。

其实直到 20 世纪 90 年代，经济学家都一致认为，设置最低工资对就业机会是不利的。然而现在观点转变了，越来越多的经济学家开始质疑这个传统的观点了。他们的动力源于最近十来年实施的调查，这些调查导致他们严重质疑关于"对低技能的求职者来说，最低工资会自动减少工作机会"的说法。

1994 年，两位美国经济学家干了件"比傻佬还不如"的事情，他们在权威的《美国经济评论》上发表的一篇文章，通过实证研究得出让人惊讶的结论：最低工资的大幅增加会使更多的人获得工作。

伯克利大学的卡特和普林斯顿大学的克鲁格在新泽西州等地的快餐行业中调查了就业趋势，发现新泽西州最低工资提升了几乎 20%，然而对于该州每个快餐厅来说，却平均增加了 2.6 个工作岗位。

卡特和克鲁格的研究捅了马蜂窝，招来了经济学各大门派的"追杀"。加利福尼亚大学经济学家纽马克等人居然花了六年时间写了一篇综合论文，要推翻卡特二人的结论。然而在这场混战中，卡特等居然成功回击，而且还基于原始调查运用改善后的数据，重新证明了他们的发现。

那么卡特二人的结论会不会只是巧合？伦敦政经学院的一个著名的研究团队调查后作出这样的结论："尽管标准的经济分析暗示，工资下限应该对就业有负面影响，但是大部分的实证研究却很难找到一个对就业的负面影响。"

经济学家们研究了 1999 年引进的最低工资对英国范围内的就业和利润的影响，他们发现，在低工资行业就业岗位的减少微不足道。在另一个模拟实验中，来自波恩大学和苏黎世大学的经济学家发现，实施最低工资标准反而提高了就业人数，上升幅度为每家公司 14%。

现在问题来了，美国"最低工资研究委员会"的调查数据又是怎么来的呢？也许他们需要这个数据吧……

经济学大师的奇葩课堂

经济学家和学生的关系非常有趣。斯蒂格利茨回忆他在爱荷华州立大学的第一堂课,他事先花了五到六周时间去备课,可是在课堂上不知怎么,居然不到40分钟就把备课的内容全讲完了。斯蒂格利茨后背发凉,心想接下来的时间该怎么办。

熊彼特从小就被送入贵族学校特蕾莎学堂就读,因此终身养成了贵族范。他不止一次在大学里骑着马进入教务会议室,引来同事不悦(马上得罪人)。另一位经济学家多玛回忆,熊彼特在学校教书期间从不批阅考卷,打分主要的依据是性别。多数男生得优减,女生全得优,他特别喜欢的学生得优加。

有位学生在芝加哥大学选读了诺贝尔经济学奖得主米尔顿·弗里德曼的课。有天,这个可怜的学生可能是前晚太累,居然趴在桌子上睡着了,这让弗老很不满,他敲了敲这位老兄的桌子,要让回答他刚向全班提出的问题。这位学生擦着眼睛回答道:"对不起,教授,我没听到您的问题,但我的答案是调整货币供应量。"(调整货币供应量正是弗里德曼解决经济问题的万能药。)这可真是挨批的节奏。

马科维茨在芝大为其关于资产组合理论的博士学位论文进行答辩时,当场受到了弗里德曼的责难。弗老认为资产组合理论压根不是经济学的一个组成部分(该理论后在 1990 年获得了诺贝尔经济学奖)。

还有位学生问经济学家詹姆斯·布坎南的治学之道,布坎南沉思了一下回答道："始终别让你的屁股离开椅子。"

最怪异的经济学教授当属凡勃伦。他藐视常规,不论学生表现如何都给一样的分数,但若有学生需要较高的分数获取奖学金,他便欣然将评分从 C 改成 A。他还喜欢捣乱,当校方要求老师点名时,他常会假装非常小心地将缺课者和到课者卡片分开,之后又好像不小心将两堆卡片混在一起。尽管凡勃伦懂 26 门语言,但说话含糊、漫不经心、偏离主题,上课的人越来越少,最后只剩下一个学生。

话说回来,凡勃伦的学生也深得他真传。有次,他在职业生涯受挫后,拜托一位以前的学生帮他查问一个纽约市福利组织的职位。这位听话的学生照办了——只是把职位据为己有。

经济学家是如何侦破谋杀案的

哈佛某学院的院长、人类学家丹顿·克莱格写了一本名为《美拉尼西亚人的风俗习惯》的书，该书是他学术生涯的巅峰之作。书中讲到圣塔克鲁兹岛上整个货币制度赖以维系的基础是一种原始货币：该岛有一种猩红色的吃蜜鸟，人们用树液和树纤维把这些鸟的羽毛做成一条条的腰带。腰带就是这个岛上的货币，如果要做一笔大交易，岛上的居民就得带上大量长长的羽毛腰带。

克莱格还列举出最贵重的商品是独木舟。在克莱格到过的所有的村庄和岛屿中，独木舟的价格从 780 条腰带到 1100 条腰带不等。另一方面，山药这种岛民饮食中的次要食品，一篮子的价格在 4 条到 5 条腰带之间。

不幸的是这本书落在了一个年轻的哈佛经济学教授手里，这个经济学天才一眼看出了其中的问题：著作所引用的数据都是作者凭空捏造的，并没有经过本人的实地调查。年轻的经济学教授并以此为要挟，要求院长帮助他通过终身教授资格评定。抓狂的院长一不做二不休，精心设计一场谋杀案除掉了这个会让自己身败名裂的隐患。

故事的最后是院长的作案动机被另一个经济学家查清，院长跳海自杀。

以上讲述的并非真实发生的事情，而是几位经济学家兼侦探小说发烧友的玩票之作——推理小说《致命的均衡》中的故事。他们是威廉·伯烈特、E.M.史蒂芬（两人都是三一大学经济学教授）和肯尼斯·G.艾辛格（弗吉尼亚大学经济学教授）。就推理小说而言，他们的作品实在算不得顶尖之作，不过别出心裁之处是书中所用推理均为经济学原理。

让我们再说说经济学家是如何识破院长的作弊。答案就是经济学的效用最大化的原理。按院长所说，山药的价格从 4 条到 5 条红色羽毛腰带不等，价格差异是 25%。而独木舟的价格是从 780 条到 1100 条，价格差异是 41%。根据效用最大化原理，当我们购买大件商品如汽车时，会货比三家，直到找到最便宜的，其结果就是该商品价格会比较接近，而买普通商品如一双袜子时，则不会去不停地比较价格。

在圣塔克鲁兹岛上，购买独木舟的村民也会努力去比较价格，各个村庄的价格就会比较接近，而购买山药则不值得这么做，其所花费的时间成本会超过节约的钱，因此独木舟的价格差异不可能超过山药。由此可以推断，院长的数据纯属瞎编。

在现实生活中，我们也会经常碰到这个问题，比如对家电卖场来说，真正利润高、赚钱多的是小家电，因为大宗电器的价格会比较接近，而小家电客户则懒得比较，因此价格差异就比较大。通过效用最大化原理杀人是不大有的，但通过此原理"搜刮"我们的钱包的事情却是每天在发生。

谁是最孤独的经济学大师

经济学界如同武林,三山五岳,门派林立,几十年便会出一个笑傲江湖的武学天才。不过细究起来,这些人不是偶获武林秘籍,练就神功,便是有个厉害的师傅。

康特罗维奇不同于以上任何一位,他没有秘籍,没有师傅,也没人切磋,一个人在冰火岛上孤独地练就绝世神功。

康特罗维奇出生于圣彼得堡一个医生家庭,在少年时代就表现出很高的天分。他14岁进入列宁格勒大学(后改名为圣彼得堡国立大学——编者注),15岁写下了第一篇数学论文,22岁成了该大学的教授。

就在这个少年天才正准备大展拳脚的时候,斯大林的大清洗时代开始了,经济学遭受了极为严重的困扰,学术在政治斗争中被无情碾压。在既定的经济路线下,经济学变成了"政治经济学",甚至恶化到只对伟人的语录进行归纳和整理。就这样,康少侠被投到了冰火岛。

康特罗维奇要解决的问题是列宁格勒(后改后圣彼得堡——编者注)一家胶合板的生产问题,这家工厂有八台车床,要安排五种规格的胶合板,因此工厂需要找出一种方法按照给定的比例来生产,这有点像要求杨过用独孤求败的剑法去劈一堆柴火。

武学天才劈出的柴火也是与众不同的。康特罗维奇像王语嫣一样看穿了当时流行的"拉格朗日乘子法"顶尖武功的破绽,他利用命题中所包含的线性关系,解决了一个重要的武学难题——规模问题。他把柴劈得让人叹为观止。

康特罗维奇想到，这门独创的武学心法还可以推广到更多的武功中，他根据农作物的分布问题，考虑了土壤、气候、作物轮作等因素，使一给定面积下的不同谷物产出最大化。然而他的想法有点单纯了，当局并不买账，"区农业部仍然按照用于耕作的总面积为所有地区划分指标，即使在某一个地区大麦不长也无关紧要——你还是得种大麦"。

无论康特罗维奇天分如何高，他要面对的是计划经济，再高的武功也无法施展，最大的敌人不是数字，而是人心。模型永远是模型，消费者有夸大他们的要求以获得供给许可的动机，生产者则会虚报他们的产量以获得政治荣誉（"大跃进"时代你见过统计学家吗），再厉害的经济学公式也无法描述特权体制和难以揣摩的人心（可怜的康特罗维奇，在制作钢板材模型中，居然用了7000个变量和2000个方程），而真正的答案只有"市场"两个字。

康特罗维奇因为线性规划在1975年获得诺贝尔经济学奖（社会主义国家中的唯一），在那个庞大的官僚机构通过数量配给来管理企业的集权经济体制下，康大侠艰难地生存着。他也许违心地说过，计划经济是最科学的经济，领袖是最伟大的经济学家。但当他用无与伦比的才华去碰撞坚硬的体制时，内心一定充满沮丧。

一个单挑房产商的经济学家

摩根·凯利是爱尔兰都柏林大学的经济学教授,他终日躲在办公室里,默默无闻埋头研究小冰期对英国人口的影响。在 2006 年的时候,爱尔兰房价疯涨,凯利发现他的学生(包括那些整天旷课的坏孩子),频繁在电视上亮相,这些学生都扮演着金融专家的角色。同时,这些年轻的"经济学家"还异口同声地重复同一观点:房价是合理的,上涨是持续的。

凯利对爱尔兰经济并不感兴趣,因为爱尔兰经济太微不足道,并且让人觉得乏味。然而对于房地产这一巨大泡沫,任何一个懂经济的人都应该明白:眼前的繁荣并不可靠。

最让凯利感到生气的是,那些学生为房产商歌功颂德的荒诞理论是从哪里冒出来的? 稍有常识的人都知道:房地产泡沫永远不会随着软着陆消失。泡沫膨胀的最大推动力莫过于人们对未来的期望,一旦人们认为房价将不会上涨,那么对房地产进行投资是极为可怕的事,于是他们就会竞相逃离这一市场,市场便会因此而崩溃。

凯利发现,爱尔兰超过 20% 的劳动大军受雇于建筑公司,建筑业占到国民生产总值的 1/4。自 1994 年以来,都柏林房屋平均价格上涨超过 500%,而部分地区的房屋租金却已经下跌到了房屋购买价格的 1% 以下。

所有的专家都在说土地资源不可再生,城市化进程不可逆转,房价还会涨五十年。只要没有人对房地产泡沫提出质疑,它便可以持续下去;只要它看起来可以持续下去，便无人对此提出质疑。可凯利绝对不相信通过建造楼盘，就能让人们变得富裕起来。他说："当时的境况就像是坐在一艘船上，我看到一座巨大的冰山，于是我走向船长并问他，那是不是一座冰山？"

凯利凭借着知识分子的良知干了一件他认为应该干的事情，他发表了平生第一篇报刊文章，在文章中他写道："房地产聚集着巨大的风险，相对于收入而言，爱尔兰房地产价格下跌 40％ 或者 50％ 是合理的，顶端市场价格的下跌幅度或许会惊人地达到 66％。"

凯利接下来还意识到，银行已将一千亿欧元（约为爱尔兰所有银行储蓄金额的总和）全部交到了爱尔兰地产开发商手上。假如房地产市场崩溃了，那些银行势必要为损失埋单。于是凯利继续撰写了第二篇报刊文章，他预测了爱尔兰银行的灾难。

接下来，凯利成为所有地产商、金融界的眼中钉，遭到他们御用专家的围攻谩骂；凯利的同行则饶有兴致地看着这个治学严谨的学者变成滑稽的怪人；而老百姓则对凯利的杞人忧天感到好笑。他成了爱尔兰"繁荣"的公敌。

从 2007 年开始，爱尔兰的房地产市场一路下滑，在短短 6 个月时间内，都柏林的房价先是跌了 30％，这还没完，接着又迅速下跌 50％。到了 2008 年 9 月 29 日，爱尔兰银行开始崩盘，三大银行当日股价暴跌两到五成。凯利教授的预言一一应验，在恐慌中人们这才想起他——这个单枪匹马挑战利益集团的知识分子。

NO.4

金庸小说中的经济学世界

郭靖夫妇为什么没能守住襄阳

公元 1272 年,郭靖和夫人黄蓉站在襄阳城上向远处的蒙古军营眺望。

此时,蒙古人围困襄阳城已经有四年,并且建起了坚固的堡垒。上一次的襄阳之围,因为杨过击毙蒙古皇帝蒙哥而结束(历史上蒙哥是死在四川的钓鱼城,而不是在襄阳)。蒙哥的意外战死,导致蒙古军攻宋计划破产。而忽必烈急于回去争夺大汗之位,于是急忙撤兵。

就在几天前,郭大侠带领众豪杰杀入敌营。郭靖的降龙十八掌神功和黄蓉的打狗棒法,加上众英雄个个身怀绝技,顿时击毙了蒙古兵无数。但是,蒙古兵如同潮水一般涌上,他们不得不再一次退回城中。

郭靖有点不明白,是什么使得蒙古人像蝗虫一样涌来,让襄阳百姓乃至大宋国运危在旦夕?是贾似道之流对忠臣的迫害,使得良将没有用武之地?还是联蒙灭金的战略失误?或者真是天意如此?

假如我也在那个历史现场,我想和郭大侠谈谈关于挪威雪线的事情。挪威雪线并不是一种高深的武功,雪线是指冰川、雪山冰雪累积和融化平衡之处,它是一个海拔高度,我们常用挪威雪线来研究全球气温,而中国历史上的气温基本也是和挪威雪线变化一致的。当然,这些并不重要,重要的是草原帝国崛起的时期,恰恰是中国历史上的低温期。

气候对农业至关重要,经济史学家发现,我国历史气温每升高(降低)1℃,农作物的产量就增加(减少)10%。在郭靖时代的寒冷期,小麦的产量减少了

8.3％。同样，年平均气温若下降 2℃，农作物的分布区位就会南移 2 到 4 个纬度。而古代长城的位置也正是温带季风气候区与温带草原气候区、农耕区与游牧区的分界线。

从公元 11 世纪开始，全球包括中国的气候总体上开始变冷，这不仅使农业生产受到很大影响，而且使得周边游牧民族的生产和生活受到沉重打击，他们和汉族的关系也不断恶化。美国地理学家 E.亨廷顿在《亚洲的脉动》一书中就认为，13 世纪蒙古人大规模向外扩张主要是他们居住地气候干旱，牧场条件变坏所致。

2012 年 1 月的《经济学季刊》有一篇论文《气候变化是否影响了我国过去两千年的农业社会稳定？》，就曾用数量经济史的视角来研究这个问题。文章说，少数民族所从事的游牧业，是一个完全靠天吃饭的行业，这些民族大多生活在中国西北部的广阔地区。当气候变得恶劣时，定居农业民族还能在客观上降低对气候等自然条件的依赖，而游牧民族应对气候变化的理性反应就是向南、向东迁移，这样必然与定居在南面、东面的农业民族相遇，于是双方之间的冲突和战争就难以避免。作者通过数据分析认为，"外患高发期和气温较冷期的重合，这可能不单单是一种巧合，而更隐含着一种内在的关联关系"。

也就是说，襄阳之战其实是由地球气候变化决定的。

台湾清华大学历史研究所的陈良佐教授也作过类似的研究，他写过两篇深厚扎实的论文，探讨春秋到两汉时期的气候变迁。他的基本结论是："战国到文景时代的气候是温暖期……武帝时期是气候温暖期转入小冰期的过渡期……到了元帝时期正式进入小冰期。王莽时代低温和灾害达到高峰。东汉初期的气候是西汉小冰期的延续……桓灵时代气候恶劣的程度不下于王莽时期。"

由此可见，历史上所谓的开明盛世，都有着气候的背景。王莽锐意改革却生不逢时，而王安石的经济思想已经和今天我们的眼光相近，但在粮食减产的低温期，也无法挽回大宋的颓势，而历史上匈奴扰汉、五胡乱华、满族入关这些也无不和气候变化有关。

就算是九阴真经、武穆遗书，在全球气候变化面前也不值一提。公元 1273 年，襄阳城破，郭靖夫妇留下倚天剑屠龙刀后，以身殉国。南宋也失去了最重要的军事屏障，六年之后，左宰相陆秀夫背着南宋最后一个小皇帝跳入冰冷的大海，南宋灭亡。

神龙教教主为什么死在朋友圈

在《鹿鼎记》中，洪夫人微笑道："哪一个忠于教主的，举起手来。"数百名少年男女一齐举起手，年长者也都举手，大家同声道："忠于教主，绝无二心！"韦小宝见大家举手，也举起了手。

教主喜欢什么样的人？自然是忠诚的人。可是天底下不会凭空掉下忠诚，任何人都是经济人，都会考虑自己的成本和收益。所谓忠诚，不过是审时度势，跟老大之间达成的微妙的默契。就像韦小宝此刻心里想的："我忠于乌龟王八蛋。"

纽约大学政治学教授布鲁斯·梅斯奎塔认为，对于统治者而言，建立一个稳固的执政联盟（朋友圈）至关重要。那怎么建立这样的执政联盟？

教主的朋友圈人数不能太多。以神龙教为例，教主的朋友圈包括了教主夫人和五龙使者。这个权力核心结构有一定的合理性。布鲁斯教授说："统治者需要给追随自己的人提供足够多的好处，才能让他们死心塌地听自己的话。如果执政联盟中的人数太多，需要用来收买人心的成本会太高。"

同样，朋友圈人数也不能太少。如果太少，尤其是如果这些少数的支持者是不可替代的，那么他们又可能成为潜在的竞争对手，令在位者寝食难安。另一个教派就犯了这个错误，在日月神教中，教主任我行的朋友圈只有左使向问天、右使东方不败和任盈盈。由于核心成员过于集中，就很容易产生内部政变。

洪教主虽然看起来是个昏庸之辈，但他却深谙权力运作之道。他明白，五龙使者也是潜在的竞争者,难保不会有天和自己作对。于是,他在教中提拔一批革命小将,鼓励他们造教中元老的反。七少年诛杀白龙使钟志灵时,"七剑齐至,(钟)竟无丝毫抗御之力,足见这七名少年为了今日在厅中刺这一剑,事先曾得教主指点"。

这个策略和布鲁斯看法相同,他说:"最佳的结果是,在执政联盟内部的人数很少,但在门外等着入场的候选者很多,随时可以替补,这将使内部的成员感到竞争的压力,天天想的都是如何紧跟,不敢有任何非分之想。"

另外,洪教主宠幸夫人苏荃、提拔韦小宝也大有深意。布鲁斯说:"独裁者心里明白,与其拥有一批能干的潜在对手,不如找到很多忠心耿耿的庸才。一个始终有效的策略是,选择那些无法登上权力顶峰的人作为自己的亲密战友。"

独裁者迟早会玩完,但一般情况下,大众的不满并不会直接导致政权的覆灭。导致政权覆灭的直接原因是朋友圈(执政联盟)出了问题。洪教主临死前说道:"我是教主,你们都该听我的话,为什么都反我?你们都不对,只有我对。我要把你们一个个都杀了。"

说到底,洪教主的朋友圈其实只有他自己。

魔教里的人都是恶棍吗

李小龙的电影《龙争虎斗》中，那个满身横肉的恶棍名字叫波罗，由功夫明星杨保罗扮演。作为一个标准的恶棍，他必须发出自己是个大恶棍的信号，于是在功夫比赛中，和对手开打之前，波罗会用手或头打碎木板和水泥砖，以便让对手感到害怕。如果这个信号还不够强烈，他还会不顾对方的哀求将其脖子拧断。

1973年，诺贝尔经济学奖获得者斯宾塞在他的哈佛大学博士论文中，提出了有关"信号"的观点。斯宾塞结合了自己的教育经历，举例说拿到哈佛这样的名校的学位就是一个信号，即使学生在学校里什么都没学到，雇主仍然会求贤若渴，因为得到哈佛学位这个信号是昂贵的、令人筋疲力尽的。

"发信号"必须选择一项代价高昂的行动来发送。在影视作品中，我们通过烧杀抢掠等恶劣的信号识别出坏蛋，然而在现实生活中可能要复杂得多，因为恶棍常常会刻意隐藏这些负面信号。他可能是个学识渊博的教授，但在关键的时候忽然向你提出无耻要求；或者是受人尊重的政治家，暗地里运用权力无恶不作，而他们可绝对不会在自己脸上刻上"恶棍"这两个字。

不过我们仍然可以通过一些信号去识别真正的恶棍。

要想了解一个人的真正想法，就问他对其他每个人都相信的事有何看法（比如"自由"人人认为都是好的，恶棍却自有一番见解）。麻省理工学院心理学和认知科学的教授拉赞·普雷勒克把这种方法称为"贝叶斯吐真剂"。

一般来说，恶棍都会有某些特别的看法，并且他还会认为其他人也同意他的看法,或与他有相似的经历。

当一个人觉得满世界的人都会占他小便宜时,他本人很可能就很喜欢占小便宜。当我们谈论他人时,其实我们经常是在谈论自己。因此当一个人眼中别人都是邪恶的时,他正在传递出自己邪恶的信号。

恶棍的另一个重要信号就是和自己不一样的都是坏的。在《笑傲江湖》中,江湖被分成两大阵营,名门正派和魔教。凡是名门正派做的任何事情都是好的,谁叫他根正苗红呢?凡是魔教中人必是罪恶滔天。然而这种划分本身就是邪恶的,当衡山派刘正风与魔教长老曲洋意趣相投,结为琴箫知音时,所谓名门正派却大开杀戒,连妇孺都不放过,所作所为令人发指。因此,派别本身不是邪恶的标签,能不能宽容异己这个才是真正的区分信号。

生活中并没有《恶棍指南》这样的书,但是当有人把自己描述为正义守护神,滔滔不绝数落别人罪恶时,或者抛出一套人人要遵守(他自己除外)的世界观时,我们需要格外仔细识别。

茅十八的命值多少钱

韦小宝听说捉拿茅十八有一千两银子赏金，便打起了主意："我如得了这一千两赏银，我和我妈娘儿俩可有的花了，鸡鸭鱼肉，赌钱玩乐，几年也花不光。"也就是说，茅十八的性命在韦小宝眼里值一千两银子。

韦小宝考虑的问题也是经济学家一直在考虑的，他们一直试图为生命标价，并且认为生命的价格是有高低的，事实似乎也是如此。"9·11"事件发生后，美国国会成立了一个受害者补偿基金，那么这个钱是每位受害者的家属平分吗？当然不。基金首先要测定的是每个人的经济损失。一说到损失差别就大了，世贸中心北楼105层的期货公司高管，年薪数百万美元；而同一座楼110层"世界之窗餐厅"的厨师，一个来自秘鲁的非法移民，每年才挣17000美元。

基金最后支付给2880位遇难者"平均每人"200万美元左右的赔偿，年轻人的生命要比老年人值钱，30多岁的男性生命价格大概是280万美元，而70岁以上的男性比其要少60万美元。男性的生命要比女性值钱，女性家庭得到的补偿金比男性家庭少37%。8个年薪超过400万美元的遇难者家庭平均得到640万美元，而补偿最少的遇难者家庭只拿到25万美元。

这只是对逝者的生命定价，那么活人呢？经济学家认为同样可以。20世纪60年代，美国经济学家托马斯·谢林建议，可以根据人们肯为自己的生命安全花多少钱，来测定他们给自己生命的定价。一项关于家长为孩子购买自行车头盔意愿的研究得出结论，在美国父母的心中孩子的价值为170万到360万美元之间（千万别再说"你是我的无价之宝"这类的话）。

根据世界银行 2007 年的估测，一个印度公民生命每年的维系成本为 3162 美元，那么其一生的成本大概就是 9.5 万美元。2005 年一项关于墨西哥城工人工资的研究把他们的生命价值量化为每人 32.5 万美元。1995 年联合国的一个气候变化委员会提交了一份评估全球变暖的报告，把贫穷国家的人口生命值量化为 15 万美元，而富裕国家的人口生命值量化为 150 万美元（不过，这很快引起了发展中国家代表的公愤）。

再说说韦小宝，当茅十八扔过一个元宝说："哥儿俩你的就是我的，我的就是你的，拿去使便了，说什么借不借的！"韦小宝被他的义气打动，茅十八性命的估值也随之大大提高，韦小宝心想："这好汉真拿我当朋友看待，便有一万两银子的赏金，我也不能去报官。十万两呢？这倒有点儿伤脑筋……"

杨过 16 年的等待是一种什么体验

有个工程师专门从事航空公司的优化工作,有天他注意到一个问题,一些环形行李传送带距离某些到达口很近,而另外一些传送带则距离到达口很远。

这个称职的工程师决定优化一下行李传送带的设计,让每趟航班上的行李可以被运送到距离飞机降落地点最近的传送带上。在这一优化方案实施之前,乘客下飞机要走很长一段路,他们的行李会在传送带上待很久。实施新的方案之后,传送带距离飞机降落地点很近,人们不需要走多远就可以到达传送带,在那里等待领取他们的行李。

让航空公司万万没想到的是,人们讨厌这个新方案,因为他们不得不把时间花费在原地不动等待行李上,更糟糕的是,有些人还会胡思乱想,怀疑自己的行李是否丢了。这种无所事事的状态让人很不愉快,于是人们开始投诉,最终航空公司放弃了这个更有效率的方案。

人们为什么宁愿浪费时间去来回奔波,而不愿更有效率地等待呢?

答案就在于在徒劳的等待中,会让人有失去掌控力的感觉。美国经济学家泰勒·考文说:"掌控力需求源自人类内心深处的欲望,这也是感觉到失去掌控力是如此折磨人的原因之一。"

以色列经济学家阿扎尔研究发现,如果一个足球守门员待在中路不动,扑住点球的概率为 33.3%,扑向左右两侧的概率分别只有 14.2% 和 12.6%。但是事实上守门员守在中路不动的概率极低,其原因就是守门员"如果等在原地不动,认为球会直直打向中路而不进,让人看起来就像个猪头"。而飞起身来扑向一侧让人觉得更有掌控力。

在《神雕侠侣》中,杨过看到断肠崖崖壁上"16 年后,在此相会,夫妻情深,勿失信约"的留言。黄蓉告诉他,小龙女是跟了南海神尼去了,16 年后一定会病愈归来夫妻团聚。于是杨过求生欲念大旺。在这 16 年,杨过在江湖上干出惊天动地的事迹,成为一代大侠。

而在哈金的小说《等待》中,男主人公孔林为了离婚和心上人在一起,苦苦等了 18 年,这 18 年,却摧毁了他对爱情和人生的信念。最后孔林自言自语道:"你错把冲动当成爱情,你根本不懂什么是爱情,事实上,你等了 18 年,只是为了等待而等待。"

为什么同样是等待结局会不一样,这其中最大的差别是杨过有一个时间期限,他知道自己要等多久,所以他对未来还具有部分掌控力。而孔林却没有期限,他不知道究竟要等多久,也许一辈子都等不到,于是内心崩溃了。

掌控力是人类的基本欲望,徒劳的等待会让人绝望,相反无论做一点什么都会让人感觉好点。就像我们在停车时,普遍不愿意待在一个地方等空位,而是喜欢毫无目的地四处转悠寻找空位。

行为经济学家丹·艾瑞里说:"与采取行动相比,无所事事地原地等待更让人心烦意乱。我们无所事事地等待的时候,时间会过得很慢,耐心会渐渐消失……"

为什么武功越差的人自我感觉越好

《笑傲江湖》中，武功低微的福威镖局少镖头林平之是最喜欢先跳出来打抱不平的，当他在村店里看到有汉子调戏姑娘，林平之气往上冲，伸手往桌上重重一拍道："甚么东西，两个不带眼的狗崽子，却到我们福州府来撒野！"事实上，他和对手的武功并不在一个档次。

而与之成为对比的是，《笑傲江湖》中武功最高、神龙见首不见尾的风清扬却从不和人动手。

同样，在《水浒传》中，八十万禁军教头王进为了躲避高俅迫害跑到了乡下，有一天，王教头看到有一个青年在练棍，就忍不住评价了两句，不料青年大为恼火："你是甚么人？敢来笑话我的本事？俺经了七八个有名的师父，我不信倒不如你？你敢和我叉一叉么？"这个乡下青年自我感觉爆棚，居然想和八十万禁军教头"叉一叉"。

美国经济学家、哥伦比亚商学院教授迈克尔·莫布森说，对于能力最差的人而言，认为自己能做什么，和实际上做到了什么之间，往往有较大的差距。心理学家贾斯汀·克鲁格和大卫·邓宁对此有深刻的研究，两人在《人格和社会心理学杂志》上提出了"邓宁-克鲁格效应"，这个效应用一句话简单归纳就是，能力最差的人往往是最自信的。

两位心理学家在1999年完成了一个叫作"四卡片选择作业"的实验，要求被测试者完成一些逻辑推理能力题目的测验，并预测自己答对题目的数量及百分位排名,以评估自己的能力。结果显示,逻辑推理能力最差的人对自己的能力排名估计过高,甚至超过了平均水平。而那些逻辑推理能力最好的人则会低估自己的能力排名。

这个实验另一个有趣的地方在于:那些在能力排名处于最末端的人,在看到了比自己表现好的答卷后,仍然无法认识到自己的拙劣表现。更不可救药的是,他们不但没有改变对自己的排名评价,反而自信心爆棚,进一步提升了已经过高的自我评价。

两位心理学家这样分析:低能力者在对自己的能力作出评价时,面临了双重困境,即他们既不能呈现高水平的绩效表现,也无法正确认知到自己的能力低下,反而还会产生对自己能力的极端自负。

生活中这样的人比比皆是,比如在相亲中最不受欢迎的人,往往是要求最多的人;那些开车技术最烂的人,往往责怪其他司机技术不行;一个经营不善的公司,也常常有一个能力低下却自我感觉良好的领导;一个治国无方的独裁者,也总会把自己想象成前无古人的盛世明君。

其实每个人的见识都是一个数据库。那些能力强的人,他们的数据库往往非常庞大,而那些能力低下者则常常坐井观天,只有非常狭小可怜的数据库,比如:舞棒少年的数据库是史家村的武夫,而王进的数据库则是大宋的武林高手;林平之的数据库是福州城里的地痞混混,而风清扬的数据库则是武侠世界数百年的风云人物。

假如柯镇恶来到金融市场

《射雕英雄传》中的柯镇恶刚出场时，会让人觉得这个瞎子非常厉害，不过当另一个瞎子梅超风出现时，他的武功就显得太逊色了。看完整部《射雕》后，才知道他的功夫实在不入流，但这点并不妨碍他成为一个盲大侠。

金庸对瞎子似乎颇有偏爱。在他的大部分作品中，都有盲人出场，其中不乏一流高手，比如金毛狮王谢逊、左冷禅、海大富，《笑傲江湖》里更是瞎子成群。不过《天龙八部》里把阿紫弄瞎的不是金庸，而是倪匡（此处由倪匡代笔）。

盲侠能不能打过明眼人？一般情况下瞎子总是吃亏，除非是绝顶高手，看不看得见都无所谓。另外一种情况下就是在漆黑的地方打斗，比如在《笑傲江湖》中，令狐冲身陷漆黑的石洞，大家都成了瞎子，"独孤九剑"在身的令狐冲也只能贴壁自保。

那么在金融市场中，那些追涨杀跌，不看基本面、只听小道消息的盲目跟风者，能否和眼睛雪亮的理性投资者一决高下呢？

美国经济学家拉里·萨默斯（电影《社交网络》里的那个哈佛校长，曾担任过美国财长）等人写过一篇论文《噪声交易者在金融市场的风险》，专门研究过这个问题。"噪声交易者（Noise Trader）"是指把市场上的小道消息和谣言当作投资参考进行交易的投资者，说白了就是那些跟风散户和趋势投机者。香港报人林行止曾把"Noise Trader"翻译成"盲侠"可以说非常传神，在市场上他们就是一个瞎子（不看基本面），但耳朵特别灵光，一听到消息就出手。

萨默斯等人研究发现，这些"股市柯镇恶"们并非只有挨打的份，盲侠乱舞听风剑,看似毫无章法,但作为一种市场力量,他们不但曾打败了不少深入研究基本面的投资专家,而且使得股价涨跌无序,甚至使得政府的货币政策失效。《欧元月刊》1983 年有一次调查,发现 22 位经纪人中,有 19 个是实力派,只有 3 个是走势派。而到了 1988 年月刊再对 31 个经纪人进行调查时发现,实力派只剩 7 人。买卖方法的转变,清楚地表明盲侠的力量在理性投资人之上。

不过市场充满盲侠,大家闻风而动,大大增加了风险程度,这也是输多赢少的根源,所以盲侠最大的挑战是如何躲过自己制造的风险。

经济学家米尔顿·弗里德曼认为:聪明的投资者是这样赚钱的,当白痴们卖出资产时他们买进,当白痴们想买资产时他们卖出。但行为金融学告诉我们,现实世界并不像模型假设的那样理智,在金融市场里,当"白痴"成为主流时,聪明人也得跟着白痴走。(萨默斯声称:到处都是白痴,我们讨论的是哪种白痴?)

典型的例子如"丁蟹效应":也就是郑少秋的影视一上映,股市就暴跌的奇特现象。① 明白人都知道,郑少秋和股市没有一毛钱的关系,但是市场上盲侠众多,一有风吹草动就争相卖出,最后形成了"自我应验预言",于是理性投资者也不得不跟着抛售。

不光是金融市场,世上哪里不是如此。当瞎子多到一定程度,明眼人也会变成瞎子。比如伽利略是个明白人,他知道地球是绕着太阳转的。不过那是一个蒙上双眼的时代,瞎子们掌握了他的生死大权,把他关进了大牢折磨他。在狱中伽利略崩溃了,他大声发誓,谁要相信地球绕着太阳转,他就诅咒谁。

---

① 郑少秋于 1992 年在《大时代》中饰演丁蟹,经常在股票市场熊市中借着抛空恒生指数期货而获取暴利,正好当时香港股市暴跌,股民损失惨重。因此得名"丁蟹效应"。

NO.5

经济学视角看历史

拜占庭的陷落和香料贸易

当我们读到茨威格的《人类群星闪耀时》关于"征服拜占庭"的故事，都会为这座伟大的城池沦陷扼腕叹息。

茨威格这样写道："只差须臾，拜占庭就有救了，毫发之间人们便将战胜来势汹汹的进攻，但悲剧终究发生了。历史上总有这么鬼使神差的几分几秒，这次便注定了拜占庭在一击之下的命运……就在离主要攻击点不远的地方，有一小股土耳其人从外城城墙的缺口突破进来……他们发现内城有一扇小门像是由于某种无法想象的疏忽而敞开的。这扇小城门叫凯卡波尔塔。"

作家就是煽情，拜占庭是否沦陷，跟凯卡波尔塔小门才没关系，它的沦陷是因为金钱和贸易。

故事要从香料说起。阿拉伯商人把肉桂、胡椒、乳香和其他香料，通过商队运到欧洲。古希腊历史学家说，肉桂采自万丈悬崖上大鸟的巢穴，而乳香是由飞蛇保护的（老普林尼不吃这一套，他说这些传说，都是阿拉伯人编派出来抬高价格的）。话虽如此，香料由于充满了异国情调以及神秘感，比今天的苹果手机好卖多了。在欧洲，购买香料是一种炫耀性消费，它展示了个人财富和权力。早在罗马时代，一磅肉桂叶片就可以卖75银币。

不过香料其实不是最值钱的部分，渠道才是。阿拉伯人把货物沿尼罗河北上，抵达亚历山大，并由此发往欧洲。公元641年，穆斯林军队攻陷了亚历山大，垄断了这门生意。当时的威尼斯人，作为欧洲批发商，每年经手的香料多达数百吨，威尼斯人在香料贸易这顿美餐中也吃得喷喷香。

然而香料贸易并非别无分店，它还可以通过陆路运送到拜占庭帝国控制的地中海东岸，再经此转运到欧洲各国。意大利的另一个城邦热那亚，凭借和拜占庭帝国的关系，也做起了香料生意。而奥斯曼土耳其人的野心是控制东方贸易，拜占庭就是"梗在阿拉喉中的一根刺"。

孱弱的拜占庭帝国沦陷是必然的。他们靠着自己八千兵将抵抗着十五万大军，苦苦支撑。敢死队划着小船冒死出发，寻找援兵。他们奇迹般地冲出重围，茨威格写道："可是，多么令人痛心的失望啊！在爱琴海上没见到威尼斯的帆影，也没有准备应战的舰队。威尼斯和教皇都将拜占庭忘记了。"

没错，威尼斯人不会来了，他们满心期望拜占庭早点完蛋，从此生意一帆风顺。信仰的分歧并不重要，没人来分钱才要紧。

凯卡波尔塔小门只不过是贸易大战的一个小插曲。拜占庭陷落后，欧洲的香料价格不断上涨，于是冒险家开始四处寻找新的贸易航线，大航海时代终于到来。

国王的演讲

历史学家保罗·约翰逊是已故王妃戴安娜的私人历史老师。一天,他们讨论的话题是生而为王的人的困境。约翰逊说,这些法定继承人的共同命运是,他们很少能顺利地成长为一个成功的君王。王妃深有同感,她说查尔斯一出生就是法定继承人,但她发现他绝对自私,绝对以自我为中心,因为他自打摇篮里就被宠坏了。

约翰逊认为也有例外,那些在童年、青少年时期历尽坎坷,遍尝苦辣的继承人,可能最终会成为历史上伟大的君王,比如亨利五世。

亨利五世在 11 岁就被作为人质带到爱尔兰,13 岁参与了处死查理二世的行动,15 岁参加战斗身负重伤……在普林斯顿大学经济学教授阿维纳什·迪克西特看来,亨利五世还是个经济学高手,他在战斗中比谁都知道,如何运用博弈论去激励下属,赢得成功。

公元 1415 年,亨利五世带领孤军深入法国腹地,最后他的军队被法军挤压到一个没有防卫的要塞。

莎士比亚为我们描绘出当时的场景。在战役打响之前,国王作了这样的演讲:"谁没有心思打这一仗,就让他离队好了。我们发给他通行证,还让他带上银圆作盘缠,既然他不愿和我们一起以身报国,我们也不愿和他死在一起。"

这个策略是,任何人想要接受这一临阵豁免提议的士兵,都不得不在所有同伴眼皮底下这么做,当然,没有人愿意这么做,因为这实在太丢脸了。士兵通过拒绝这一提议，在心理上已经破釜沉舟，切断退路了。他们彼此之间已经签订这样一份隐含的合同，宣布面临生命危险时，谁也不苟且偷生。

接下来本应该是"打了胜仗，金钱大大的有"。但是亨利五世更有高明之处，他继续演讲道："上了年纪的人记性差，但是哪怕什么都忘了，他也会如数家珍，回忆自己干下的业绩……我们这一班生死与共的兄弟，凡是今天和我一道血洒战场的人，都将是我的兄弟。不管他地位如何卑下低微……此刻熟睡的绅士，有朝一日会埋怨自己时运不济，没能来到这里……"

多么煽情的激励，"成为国王的兄弟"，这句话让大家热血沸腾。

当他的将领感慨地说，"要是我们再多一万人就好了"，亨利五世回答道："哪怕再增加一个人我也不愿意，增加一个人就会分享我那么一点光荣。"反正也不会有援军来，不如说得体面点。

这段对话据说被当时的传记作家记录下来，后来被放入了莎士比亚的戏剧中而广为流传。

阿金库尔战役最后以亨利五世大胜告终。那么当你凯旋，国王会跟你说"我的兄弟，到我的王宫来，和我住在一起"吗？当然不会，说到底这是一些空话，但这种激励确实很管用。

北海大爆炸引发的金融灾难

1988 年 7 月 6 日上午,英国北海地区规模最大、历史最悠久的石油天然气钻井平台阿尔法钻井上,维修工拆下一个备用压缩泵检查它的安全性。工人填写了一张报停单,说明备用压缩泵不能使用,但不知为何,这张报停单没有及时传达下去。当天晚上阴差阳错,主压缩泵出现了问题,人们启动了备用压缩泵,结果起火并爆炸。

爆炸瞬间摧毁了控制中心,使得灭火泵无法抽取海水灭火,疏散工作也无法得到保障。附近两个钻井还源源不断向阿尔法钻井输送石油和天然气。结果更大规模的爆炸发生了,腾空而起的火球有埃菲尔铁塔这么高,整个居住区从熔化的钻井平台上跌入大海。这场灾难夺去了 167 人的生命,生还者只有 59 人,钻井又足足燃烧了 3 个多星期。

当人们在对这场大爆炸进行调查和反思的时候,却怎么也没想到,另一场金融灾难又悄悄临近。人们后来把这场金融灾难称为"伦敦超额赔款市场灾难"。

为阿尔法钻井承保的保险组织是伦敦劳合社。在保险市场上,不同的保险财团互相拿风险作交易,再保险人为其他承保人的全部损失上保险。这种金融产品听起来非常绕口,简单说就是再保险合同把损失从一个保险财团转移到另一个财团,接着再转移到第三个财团,甚至可能又从第三个财团转移回到第一个财团。这些保险财团最终发现,经过一系列中间人后,他们成了自己的再保险人……

阿尔法钻井平台被摧毁后，保险业的这种铁索连舟发挥了威力。砸到劳合社多家保险财团头上的第一笔赔款大约是 10 亿美元，这是历史上数额最大的赔款之一，但是接着引发了诸多再保险索赔，一个又一个的再保险索赔环环相扣。最初的 10 亿美元损失带来的最终索赔额高达 160 亿美元，把英国保险业推向了绝境。

再说说伦敦劳合社，300 年来这家保险公司都以谨小慎微著称。在 20 世纪 80 年代以前，劳合社的盈利相当可观，能够成为其中的一员是一种殊荣，只有那些有钱有势的人才会被挑选入内。同时，按照法律规定，劳合社的投资者应当为公司的损失付款。

劳合社几乎不曾蒙受损失，然后事情悄悄地发生了变化，一系列的自然灾害使得公司开始亏损，劳合社的管理人就像捞救命稻草一样发展新的投资人。为了挤进英国上流社会，许多人押上了身家，1970 年投资人还只有 6000 人，到了 1987 年投资人达到了 3 万名，其中大部分来自中下阶级。1988 年的北海大爆炸，使得新投资人不得不赔上所有家当。

《每日电讯报》的编辑马克思·黑斯廷说：“无论过去一两年的生活是多么不尽如人意，只要想到我不是劳合社的成员之一，就可聊以自慰了。”

关于女巫那点事

哈利·波特在骑着扫把飞行时,他可能侵犯了某些人的专利,这些人就是女巫。当你和女友一起看恐怖片时,丑陋的巫婆随着惊悚的音乐突然出现,女友尖叫着往你怀里钻,这个时候你要真心感谢那些女巫。然而在历史上,人们对于女巫可没这么宽容,她们一直是受迫害的对象,从中世纪到文艺复兴时期都真实发生过巫士迫害潮。据估计,仅在16、17世纪,欧洲在巫士迫害潮中死去的人数就在20万到100万之间。

早在1484年教会出版了一本名为《巫女之锤》的畅销书,告诉人们怎么识别女巫(放到今天书名就是《女巫观测指南》),巫婆被视为恐怖的象征,一个名叫休·特里弗罗帕的人这样描述道:"数千名老年妇女曾与魔鬼秘密缔约,每天夜里,这些巫婆在身上涂上用被杀儿童的脂肪做成的'魔油'来润滑自己,她们穿过裂缝和锁孔,穿过烟囱,骑上扫把、纺锤或会飞的山羊,共赴魔鬼的聚会……"总之,特里弗罗帕不去好莱坞写惊悚剧本真是浪费人才了。

历史学家米德尔福特从17世纪英国、芬兰、法国等受审的5402名巫士中统计发现,女性平均百分比是78%,其绝大部分是老寡妇和老处女,而被控的男性巫士通常是老年残疾人。历史学家蒙特也发现巫士总以女性为主,比如在1571年日内瓦一次小规模恐慌中有99名巫士被处死,其中女性更是达到了91人。

人类社会为何会发生如此广泛的巫术审判活动?巫士为何总是以女性居多?蒙特给出了这样的结论:"如果我们注意到被控巫士通常是老年寡妇和老处女这个事实,我们可以提出这样的论点,巫士指控可以理解为主教阶层对不正常妇女的恐惧。"

对女巫的大规模迫害是主教出于对她们的恐惧吗（欧洲的老女人真的有这么可怕吗）？经济学家给出了不同的答案。

哈佛大学经济系的艾米丽·奥斯特从经济学的角度给出了解释。她认为欧洲之所以会发生大规模审判捕杀巫士的活动，主要是由于经济性的因素：气候转入小冰期，农获减少，在粮食短缺的压力下，必须去除生产力最低的人群（通常是老年女性或残疾人），社会给这些边际人口的罪名，就是宣称他们为巫士。

奥斯特发现，审判巫士活动最盛的时期（16世纪中叶到18世纪末），正好是平均气温较低的阶段，也就是气象史上所谓的小冰期。这会导致农作物歉收，海水太冷也会影响渔业收获，这对欧洲北部的食物供应会产生严重冲击。巫士审判增加、气候变冷、经济增长下降，这三者之间的相关性，应该不只是单纯的偶然。

以上仅为猜测，奥斯特还需要用经济学工具来证实。她选取了欧洲11个地区的档案，用这些资料画出两条线：一条是温度变化趋势线，一条是杀巫人数的起伏线。于是这桩历史上的悬案在这两条曲线下有了清晰的答案：在1520—1770年，只要气候变暖，杀巫人数就下降；气温一下降，杀巫人数就上升。

其实早在1580年，一个叫巴蒂斯塔·莫杜科的教士就已经说出了杀巫的秘密："与巫士的作战是很重要的，因为如果我们赢了，当年粮食就会丰收，如果我们输了就会歉收。"

看来并不是老年女性擅长骑着扫把飞行，而是气温下降（14世纪起全球气温开始下降）导致食物短缺，因而需要用教会这个强大的工具，塑造出巫婆阴森恐怖的形象，从而把这个群体清除掉。

1477年，一个名叫安托尼亚的妇女被宗教裁判所警告，让她三天之内交代自己的巫术罪行。在经过种种折磨后，这个妇女终于创作出和魔鬼缔约的哈利·波特式的故事，给了法庭一个满意的答案，她被仁慈地宣判终身监禁。当时监狱里的安托尼亚心里怨恨的或许只是邻居的揭发，她恐怕不知道，她来到这里的经济根源，是铁窗外这个格外寒冷的冬天。

郁金香狂潮真的发生过吗

历史的真相是什么？当我们把眼光朝着某个历史事件望过去时，常常被某个庞大的身躯所遮挡，而这个身躯，往往来自该事件最著名的叙述者。

当我想象自己站在 1637 年的荷兰，看到商船如织的码头，看到繁荣的阿姆斯特丹交易所，甚至还能看到荷兰小画派中那些市民的饮食器皿。但是当我的眼光投向郁金香事件时，我只撞到了一个人的背影，那个人就是苏格兰人查尔斯·马凯。

"郁金香狂潮"是指在 1637 年年底到 1638 年年初，荷兰的郁金香一度在交易市场上暴涨暴跌的疯狂事件。而马凯是历史上第一个记录郁金香泡沫的人。他在 1852 年发表的一篇名为《惊人的幻觉与大众的疯狂》的文章中，研究了 200 年前发生的这一案例（为何整整 200 年历史记录对此是一片空白）。

马凯并非学者，而是个新闻记者。为了推销他的新闻故事，他可能仅凭着耳食之言，参考了一些讽刺炒家盲目不理性而带有夸张之词的小册子和歌谣，写下了这篇影响金融史的报告文学。然而他的文章只有七页纸，不仅提供的数据不全，还没有指出所引用数据的来源。不过之后的几百年有关的历史研究，基本就在他的基础上抄抄改改。

那为什么这篇报道影响如此之大呢？这在于马凯讲的故事太生动了。比如一个广为流传的故事写道：一外国船员带一口信给某富商，富商送了他一道红鲱鱼早餐，海员告辞出去时看见客厅有一颗洋葱模样的植物球茎，便顺手牵羊，带回了码头合着鲱鱼吃下。富商发现家中一颗名为"永远的奥古斯都"的郁金香球茎丢失并赶紧找寻，不料这颗价值 3000 弗罗林的郁金香球茎已被海员吞进肚中。海员知道这颗"洋葱"的价值后目瞪口呆，要知道 3000 弗罗林相当于一艘远洋轮全体水手一年的薪金总和。马凯煽情地评价道：这个水手的早餐奢侈得像安东尼把珍珠溶化在酒里，为克里奥佩特拉（埃及艳后）的健康干杯。

马凯另一个脍炙人口的故事是一个植物学家在某荷兰富商花园里看到一颗"洋葱"，他掏出随身携带的铅笔刀，将这颗植物球茎的外衣剥开并切成两半，并打算拿它回去做实验。突然，球茎的主人双眼冒火猛扑过来，质问他道："你知不知道自己正在做什么？""剥一只很特别的洋葱呀！"植物学家回答道。"去死吧！"荷兰人怒不可遏，抓住了这位惊恐莫名的植物学家的衣领。当他被带到市政官面前时，植物学家这才获悉，他拿来做实验的那颗球茎竟然价值 4000 弗罗林。

马凯这种拍案惊奇的文风让他迅速赢得了读者，连 2013 年诺贝尔经济学奖得主罗伯特·席勒在他的著作《非理性繁荣与金融危机》第九章中，也曾借用了马凯关于郁金香泡沫的例子来反驳有效市场假说。那么郁金香狂潮真的存在吗？

伦敦大学皇家学院的历史学家安妮·高德嘉对此表示了怀疑，她花了整整一年的时间，在荷兰各地的图书馆和公证行查找一手资料。安妮试图避开马凯的身影还原历史的真相，在公证人档案中，她从当年买卖单据中惊奇地发现，在阿姆斯特丹从事郁金香交易的人，总共不过一百来人，其中包括了酒商、保险经纪人、花卉商人、艺术品经纪人、艺术家、皮草商等。

安妮认为，这些人数和马凯所谓的"贵族、市民、农民、技术工人、海员、脚夫、女佣甚至烟囱清洁工和年迈的洗衣妇全都下海来玩郁金香，各色人等，不分高低贵贱"，即全民疯炒郁金香相去甚远，并且这些投资者都具有一定的专业知识，不可能出现无理性的疯狂行为。

　　事实上,当我们阅读马凯的故事时,能感觉这更像是一部猎奇小说。比如关于海员吃天价球茎的故事,其实是来自布兰维勒的《游记》记载,那可是一本更不靠谱的野史。历史常常在耸人听闻的故事中变得面目全非,但不管怎么样,郁金香事件成就了荷兰,使它成为世界第一的花卉种植和出口大国。这点,也许要感谢那位爱吹牛的记者先生。

用裙摆预测经济？别扯了！

1954 年 9 月 15 日的纽约地铁站入口，虽然已是凌晨一点，但仍然挤满了人。玛丽莲·梦露身穿一条特拉维拉设计的白色低开领系带连衣裙，嬉笑着按住被风扬起的裙子，举止妖娆。据导演比利·怀尔德说，当时剧组为了谁去掀开那个出风口争得大打出手。

在围观的人群中，有狂热兴奋的梦露铁杆粉丝，有脸色铁青的梦露第二任丈夫乔·迪马吉奥（导演比利的原话是：乔的脸色像是死人一样难看），还有无处不在的经济学家。他们从梦露手掩短裙的妩媚中看到了股市的繁荣。

"裙摆指数（The Hemline Index）"恐怕是最广为人知的大众经济学指数。该指数是由美国人乔治·泰勒发明的，它是指裙摆离地尺码与股市盛衰成正比，即裙脚越高经济越景气，股市越旺，裙脚着地则预示股市大熊市即将到来，而裙长变化会比股市大势提前六个月左右。

长久以来，很多大众和学者对此深信不疑，并不断添加内涵。专家们解释道：经济不景气的时候，女性就失去了装扮自己取悦他人的心情，往往选择用长裙把自己包裹起来。相反，在经济繁荣的时候，男人们的注意力就更多地集中到了"审美"上，这时女人就用性感短裙换下"经济冬天"的长裙。纽约大都会博物馆服装馆馆长哈罗德柯达认为："当人们的心理遇到困境，悲观情绪滋长时，衣服就会朝着保守低调的方向发展，如长袖、高领、长裙。"

这听起来颇有道理，事实果真如此吗？鹿特丹伊拉斯谟大学经济学院的菲利普·汉斯教授一针见血地说："相信裙摆能预测经济,这和伊朗的神职人员相信女性衣着暴露会导致地震一样荒谬。"他研究了权威的法国时尚杂志 *L'OFFICIEL*,统计出从 1921 年到 2009 年裙子长短的流行趋势和经济之间的关系,发现两者的相关性很差,这表明经济衰退和较长的裙子之间根本没有必然关联。

时装行业的业内人也对"裙摆指数"不屑一顾。他们认为:服装设计者根本不会去"设置"裙摆的长度,在同一个季节,不同的设计师会展示不同的想法,而普通女性,不过是在家里等着"时尚"告诉她们今年将流行什么。时尚趋势向来都是沿着社会阶梯自上而下流行起来的。

"裙摆指数"理论的另一个致命弱点在于:裙子的流行趋势并没有一个统一标准。在 20 世纪 90 年代以前,女性时装大体以巴黎为中心,而今天的情况是巴黎、纽约、伦敦、米兰及东京各领风骚,该以哪个"中心"的女裙为准,便莫衷一是。同是美国,东西海岸城市流行的裙摆长度可能截然不同。

乔治·泰勒是在 1926 年提出"裙摆指数"的,当时的泰勒不过才 25 岁,正在一家乡间小书院教授工商管理学,"裙摆指数"并没有精准全面的统计学分析,很可能是泰勒的即兴之作,目的只是吸引大众对他的注意。泰勒后来任宾州大学华尔顿商学院教授,日后的成就并非在经济学,而是成为美国"劳资关系"的奠基者。

泰勒提出该指数的另一个重要理由是:经济增长时,女人会穿短裙,因为她们要炫耀里面的长丝袜;当经济不景气时,女人买不起丝袜,只好把裙边放长,来掩饰没有穿长丝袜的窘迫。当时丝袜既贵还容易破,是大多数女性买不起的奢侈品。到了今天,丝袜早成为普通商品。

"裙摆指数"之所以还会如此流行,恐怕是因为和其他冷冰冰的经济指标相比,这个指数太活色生香。不断会有人告诉你,1947 年克里斯汀·迪奥的亮丽裙子,反映了经济的乐观;20 世纪 50 年代玛丽莲·梦露的时代,裙子慢慢开始上升,反映股价稳步上升;80 年代中期,辛迪·克劳馥的裙子比任何时候都短,股价达到新的高度……世上还有哪一个经济指数比它更香艳。

在大众经济学指数中,我们还看到了"口红指数""鞋跟指数""长发指数",这些指数的共同特征就是和女性有关(口红销路越好,女性头发越短、鞋跟越高,都预示着经济的不景气),并有一个个有趣的故事。

既然读者喜欢这样的故事,经济学教授和编辑们便不断重复和完善这个故事,关于"裙摆指数"的神话还会继续讲下去,至于这个指数到底是否靠谱,我们已无须太在意。当你在大厦的橱窗里,看到眼下正流行"拖地长裙配军靴",难道你会傻到立马去把股票全部卖出?

夏洛克，被迫害的犹太人

罗斯福在制定全国工业复兴总署条例之初，曾写信给一个朋友说："我最近正在读一个有关合同法律的离奇旧剧本。你也许知道，这个剧本名叫《威尼斯商人》。"

安东尼奥指责夏洛克说："你现在跟这个犹太人讲理，就像责问豺狼为什么害得母羊为失去了它的羔羊而哀啼。"每个人读到的莎士比亚都不一样，但就大众而言，《威尼斯商人》是一出讽刺犹太人放贷的喜剧。

犹太人为什么会进入放贷这个行业呢？说来话长。在中世纪，对于基督徒来说，放高利贷是一种罪恶。梵蒂冈不断发放诏书，禁止发放高利贷，还将这种行为归为异端行为，有此行为者将受到宗教审判所的惩治。当时的犹太人无法进入中世纪的行会，而这些行会却控制着各种职业，也就是说，其他职业的路子被堵死了。

既然是一种罪恶，那么国王为什么不禁止犹太人放贷呢？因为国王也需要钱，而高利贷有着很高的利润。事实上犹太人放贷收贷，而国王再向犹太人课以重税，国王拿走了大头。

国王选择犹太人从事放贷这个行业并非出于善心，经济学家萨罗·巴伦在《犹太经济史》一书中说，这便于国王赖账。统治者为了讨好民众，会时常宣布对所欠犹太人的债务进行延期或者免除。比如十字军东征的时候，教皇英诺森三世想出了一个奖励东征战士的办法：要求犹太人取消所有东征武士们的贷款利息。另外，国王本人也会向犹太人借钱，当债务多到一定程度，国王就会耍流氓，宣布债务无效，或者干脆驱逐犹太人。

詹姆斯·帕克斯在《中世纪的犹太人》一书中说，如果公众对犹太借贷者的仇恨沸腾起来，基督教的国王就会出卖犹太人，让暴民去攻击他们，甚至将所有的犹太人都剥夺财产流放出去。路易九世1253年在法国就是这么干的，而菲利普四世则直接屠杀法国最有钱的犹太人，这也导致他在英法战争中失去信贷来源，终于败北。

自从爱德华一世1290年在英国驱逐犹太人以后，英国的犹太人已经不多了，莎士比亚和他的绝大多数同胞一样，很可能从来没有见过一个犹太人。但莎士比亚要表达的，可能比我们想象的要深刻得多。莎士比亚用夏洛克的口说："难道犹太人没有知觉、没有感情、没有血气吗？……你们要是用毒药谋害我们，我们不是也会死的吗？你们欺侮了我们，难道我们不会复仇吗？……要是一个犹太人欺侮了一个基督徒，那基督徒怎么样表现他的谦逊？"

所以，有一些评论家，比如威廉·黑兹利特，把夏洛克看作是一个可怕故事里的悲剧英雄，这是有道理的。

那些流传很广的励志故事是真的吗

当你还是小学生的时候，老师在课堂里会津津有味地讲到苹果如何砸到牛顿头上，并给他带来了灵感，由此他发现了地心引力的故事。如果你态度不够谦卑，对这个故事提出质疑，那么你会发现教鞭会落在你的头上，这可不是什么地心引力。

真有苹果砸中牛顿的故事吗？1665 年到 1666 年，牛顿为了躲避在剑桥流行的瘟疫，回到了自己的家乡威尔索普，并经常在自家的花园里沉思。牛顿的传记作家理查德·S.韦斯特福尔表示：牛顿的侄女康杜伊特夫人曾说，当牛顿在花园中进行思考时，他突然想到，让苹果落地的地心引力并不限于地球，它能够在更大的范围内发生作用。

这也就是说，他早已经确信重力的存在了。当时他在考虑的问题不是苹果为何下坠，而是重力是否也存在于月球等地外天体上。

事实上，18 世纪没有一个作家提到过牛顿被苹果砸中的故事。韦斯特福尔表示，苹果的故事"让人误以为当时的人们对地心引力一无所知"，而科学家迈克尔·怀特则说，苹果的故事"几乎肯定是虚构的"。

那为什么"苹果砸牛顿"的故事如此深入人心呢？让我们回到行为经济学来回答这个问题。

当第一次得知地心引力的时候，我们的教育便和那只看不见的苹果牢牢地捆绑在一起了。这就相当于"锚定效应"，所谓锚定，就是通过第一印象产生偏见的一种心理的偏向。在这以后，我们至多可能接受牛顿被无花果砸中，认识之锚起了很大作用。

行为经济学还告诉我们，人们通常作出各种判断是依据记忆中最易于使用的信息。也就是说，信息越容易记起，就越倾向于作为判断的依据（可用性启发法）。地心引力和苹果，如同"送礼"和"脑白金"被千百遍地黏合在了一起，这个神话也就越来越广地传播。

这样的故事还有很多。年轻的华盛顿为了试自己的新斧子而砍断了父亲的樱桃树，小华大义凛然地说："爸比，我不能说谎，是我砍断了樱桃树。"事实上这个故事本身就是一个谎言。《大英百科全书》告诉我们，这句话实际上是美国牧师、旅行书商帕森·威姆斯瞎编的。瓦特对茶壶的蒸汽着了迷，因此发明了蒸汽机？事实却是，瓦特是 1736 年出生的，蒸汽机是由英国人萨维利于 1698 年、纽科门于 1705 年各自独立发明的。

诺贝尔经济学奖得主丹尼尔·卡尼曼说："好的故事为人们的行为和意图提供了简单且合乎逻辑的解释。引人入胜的故事会使人产生某种必然性错觉。"18世纪的作家和哲人（其中包括伏尔泰）开始大肆宣扬牛顿和苹果的故事，就是为了用通俗的科学故事启发民众，即便今天也是如此。

"有一天，一个苹果掉到了牛顿头上……"这个故事还会一直讲下去。

火山灰埋葬路易十六

1793 年 1 月 21 日,香榭丽舍大街的革命广场上,断头台铡刀在阳光下闪着寒光。穿着长裤、戴着小红帽的巴黎市民,气氛欢腾地喊着:"共和国万岁!自由万岁!砍下暴君的头!"

路易十六最后看了一眼格外阴冷的巴黎天空。

无论从哪方面来说,路易十六都算不上是个暴君。米涅在《法国革命史》一书中谈到路易十六时说:"他是唯一具有一切好国王所应有的畏上帝和爱百姓这两个优点的国君。"即使在巴黎民众攻占巴士底狱后,当路易十六从凡尔赛来到巴黎时,民众还是高呼"国王万岁"。

作为一个虔诚的天主教徒,路易十六远比他的历代先王内敛自律;作为一个温和敦厚的老实人,他不愿意有更多的流血,始终拒绝对暴民采取强硬手段。面对群众的怒火,他一再作出让步。

那么为何路易十六最后会人头落地,历史书上该说的都说了,我们来谈谈火山吧。

在路易十五统治的早期,气候状况尚良好,然而到了 1739 年至 1742 年期间,气候突然惊人地变冷。1770 年,也就是路易十六即位的四年前,气候变化日益剧烈,歉收年成频繁出现,天气变化削弱了市场的稳定性,农产品市场波动频繁,导致土地租金上涨而农业利润下降。

在 1783 年 7 月,发生了一件不寻常的事情,冰岛的拉基火山爆发。122 万吨的二氧化硫在爆发中被释放，95 万吨进入对流层和平流层，火山灰散布到整个北半球，1783 年 7 月之后欧洲变得更冷，因纽特人称 1783 年为"无夏之年"，英国历史则称之为"尘夏"。

火山爆发从 1783 年 7 月一直延续到 1784 年 2 月，在之后的几年中，西欧的夏季气温都很低，干草极度短缺，数千头牛羊被廉价宰杀。

长期的低温导致了粮食的短缺，使得法国社会失序，一系列的政治纲领在巴黎酝酿。1788 年到 1789 年异常寒冷的冬季，成了压倒国王的最后一根稻草。在那个冬季，大雪封锁了道路，河流都结了冰，商家停止了营业，到了春季冰雪融水又淹没了数千公顷的农田，而面包的价格达到了 20 年来的最高点。

1789 年的粮食大恐慌使得巴黎民众陷入了集体歇斯底里并引发了革命浪潮。塞巴斯蒂安·梅西耶在 1770 年便颇有预见地写道："粮食能供养人，也能杀人。"

"我是无辜的。我没有犯我被指控的任何罪责。我原谅所有把我送上死路的同胞。我祈求上帝，法兰西从今以后永远不要再有流血。"路易十六说完后铡刀便落下，不久，更有成千上万的人头落地，革命成为需要活人献祭的罗马食神。

紧握这把铡刀的，不仅有革命的力量，还有小冰河时代的寒冷。当拉基火山爆发后，一切便无可挽回，持续数个世纪的生存危机，终于在革命的暴力中达到高潮。

约瑟夫·洛克的排场为什么这么大

约瑟夫·洛克是美国《国家地理》的记者兼摄影师,从 20 世纪 20 年代开始,他在中国云南等地进行考察。当时在中国考察的外国人并不少,但是洛克最与众不同的是"气派得像个王室成员出游"。

洛克的装备包括帐篷、折叠床、椅子、桌子(当然得加上桌布和瓷器),甚至还有一台电池供电的留声机。当他给喇嘛寺里一脸诧异的牧民和喇嘛们播放歌剧时,发现《波西米亚人》的悲伤片段在牧民中引起哄堂大笑。他还带着一个便携式橡皮浴缸,购自著名的纽约旅行用品商店"阿贝克隆 & 费奇"。

《国家地理》的编辑爱德华兹这样描述他:"这支由 26 头骡子和 17 名成员组成的'军队'享有 190 名荷枪实弹的士兵的护送。洛克举止傲慢,与衣衫褴褛的士兵相比,他穿戴讲究,靴子、马裤、遮阳帽一应俱全。"

洛克并非贵族出身,父亲是个仆人,他本人是个长期在社会底层行走的维也纳浪子。那么他为何要摆这么大的架子呢?

美国制度经济学鼻祖凡勃伦的《有闲阶级论》一书中,提出一个重要的概念——"凡勃伦效应",也就是"炫耀性消费"。即通过吓人的消费和排场,来显示一个人的权势、地位、荣誉和成功。

当有人花费几千万嫁女时,他并非觉得女婿如此尊贵,值得他掏这么多钱,而是通过婚宴向商业伙伴展示其强大的经济实力,因为人们总是倾向于和有实力的人做生意,银行也只愿意借钱给有钱的人。因此即便富人们捉襟见肘,在破产前一刻他们还会保持着体面的排场。

"炫耀性消费"由来已久。比如罗伯特·路威在《文明和野蛮》一书中说，沿海的印第安酋长会积聚成千上万张的毛毯，当然他们不是开毛毯超市，而是赶在某个大节日送给别人。这些酋长还会无缘无故把昂贵的船只烧掉，以表示他们对这些东西毫不吝啬。据说这是博得名誉和压倒侪辈的唯一方法。

凡勃伦说，在各种消费行为中，服装具有更大的说服力。服装除了有证明支付能力的职能，还有比较微妙的，影响更深远的潜在作用。一双锃亮的漆皮鞋、一件洁白无瑕的衬衣、一根精致的手杖，可以大大提高一个人的威严。

约瑟夫·洛克的排场或许是有道理的，他行进在一个相对封闭的地区，土匪不时地出现，他需要拜访当地的头领和官员，取得武装保护。而当地的土司或头领并不会理会什么"国家地理"记者，这个时候行头是最重要的。当四名轿夫放下轿子，下来的洛克身着白衫，领带笔挺，外套夹克，气度不凡，当地人就会觉得他是个重要人物，才愿意提供帮助。

正如洛克本人所说："想要在这些荒蛮的地区生存，你得让人觉得你大有来头。"

神父们为什么要逃离"妻子的魔爪"

当我们再次谈论阿贝拉尔和海萝丽丝的故事时,如同站在一个空旷的舞台上,随着人物的逐次出场,我们的心灵将和剧中人一起受难。

公元12世纪,38岁的阿贝拉尔遇到了他的学生,年轻的少女海萝丽丝。当时的阿贝拉尔,是法国极富声望的哲学家和神学家。而海萝丽丝,也是个通晓希伯来语和希腊语的才女。

一开始,这是个老套的故事,两人在交流中彼此相爱。"整个授课时间我们都在卿卿我我……只有爱情成为优先话题,提问和解答才格外热烈,互相的亲吻多于箴言的解释。"

两人如火焰般相爱。但相爱向来不是高潮的部分,苦难才是。不久海萝丽丝怀孕了,而阿贝拉尔一心想成为教士,在那个时代,教皇要求接受圣职者遵守不婚制,而他们若公开缔结婚约无疑会堵死这条路。

海萝丽丝的族人很快选择了报复,在一个夜晚,他们冲进阿贝拉尔的房间,将他阉割了。

那么在中世纪,为什么要求接受圣职者不能结婚呢?

教会大约是这样解释的:独身比婚姻生活的价值高;独身能使此人专心……

中世纪教会的不婚制度真正的原因其实是经济。

在基督教诞生后一千年的时间里,也就是说直到11世纪之前,神职人员是可以结婚的,教会从没颁布过禁止结婚的禁令。公元 4 世纪基督教获得合法地位后,教会的财富越来越多。11 世纪时,教会的财富已经超过了欧洲任何一个国家。到 12 世纪初,教会已是全球最大的地产开发商,占有欧洲三分之一的土地。

教会的财产大都被主教和牧师们所把持。如果这些人有妻儿,难免会企图把财产传给自己的后代。为了防止教会财产流失,1074 年,教皇格里高利七世宣布,只有和教会结了婚的人才有资格为神服务,他下令说:"神父们应当逃离他们妻子的魔爪。"

然而这并没有阻止教会财产的流失。还是有人为了老婆孩子贪污腐败,把财产弄到自己家人名下,自己当个裸官。上帝重要还是老婆儿子重要这件事情真是不好说。

终于在 1123 年,雷特朗主教会议规定所有的神职人员必须单身。从此天主教会以守贞誓言来抵御肉欲的诱惑,成为全球最大的单身俱乐部。

我们再次回到那个舞台上。海萝丽丝后来写给阿贝拉尔大量感人至深的书信:"仁慈的上帝,你是多么的不仁慈……命运的箭袋又已装满……如果命运还剩下一支箭,那么它在我身上再也找不到没有伤痕的地方。"

而阿贝拉尔在回信中说道:"上帝是公正的,这一点我不会看错,恰恰在我犯罪那个部分惩罚我。"

阿贝拉尔可能不知道,上帝不剜人,俗世的财产才是罪魁祸首。

NO.6

经济学是婚姻最好的老师

大作家为什么受不了性感女神

玛丽莲·梦露的前夫,美国著名剧作家阿瑟·米勒说,他娶梦露是因为热爱对方的心灵。我总觉得这哥们没说实话,不过也可以理解,人家是剧作家,总不能直白地说"我娶露露是因为她的性感"。

米勒在自传《时代的转折》中把梦露描述成一个美艳但是精神贫乏的人(事实上梦露的读书品位相当不错),而把自己说成是"救世主",他说自己填补了梦露的精神贫乏所引起的空缺。他还顺便糟蹋了下自己的前妻,说对梦露的爱情让自己从虚伪的婚姻中解脱出来。

米勒把美色诱惑撇开不谈,偏要说自己"要在智力与精神上拯救这个可怜的孤儿"。美国人民很想知道一个头脑复杂的知识分子和一个头脑简单的性感女神结合会是什么样子,于是兴高采烈地开始围观。

事实证明阿瑟·米勒他老人家的这段婚姻是一团糟,用他自己的话说是"自我毁灭"。他说:"我的所有精力和注意力都用来帮助她解决她的那些层出不穷的问题,不幸的是,我做得并不很成功。"

从经济学上来说,这个结果毫不奇怪。行为经济学家通常用"反禀赋效应"来解释此类现象。该效应是指对自己拥有物品(包括婚姻)的已有体验。如果这种体验没有令人足够满意,甚至让人产生不愉快的体验,特别是自己充分了解了已拥有物品的缺点后,那么相比那些尚不属于自己,尚未有过体验的物品,人们倾向于低估自己的现有物品。

米勒和梦露的婚姻维持了五年。美国相关部门在 1979 年有个统计数字，大约有 40％的离婚都发生在婚后的前五年中。对此，1992 年诺贝尔经济学奖获得者加里·贝克尔说，绝大部分离异事件，会随着婚后一方所得到的对方性格特性信息的增加而迅速增加。与婚前所能得到的信息相比，婚后最初几年通常可以得到配偶情感和许多其他特性的更有效率的信息。也就是说，当你像克格勃①一样挖掘到更多秘密，婚姻瓦解的速度也更快。

所以，贝克尔认为，婚后不久就出现的婚姻破裂，主要由于婚前市场信息的不完全性，以及婚后信息的充分积累。

女神褪去光环后，也不过是再平常不过的普通人。伊丽莎白女王有次想出游，但一会儿又不想去了，一会儿又改主意想去，几经折腾，行李搬进搬出，女王的马夫忍不住说："原来尊贵的女王和我老婆是一模一样的。"

当性感女神走下荧幕，就再也没有那么光鲜了。作家布雷特在好莱坞著名演员克拉克·盖博的传记中说："最令人惊异的是，梦露由于不喜欢洗澡，就几乎不洗。她还喜欢在床上吃东西，而且会将吃完东西的盘子塞在被子底下，然后钻进被窝睡觉……"

随着阿瑟·米勒对梦露越来越多的了解，他知道美好的身段并不能当饭吃，在梦露性感的边际效应递减下，他选择了结束这段婚姻。

---

① 克格勃，1954 年 3 月 13 日至 1991 年 11 月 6 日期间苏联的情报机构，以实力和高明著称于世。——编者注

婚姻为什么要且行且珍惜

在狄更斯的《艰难时世》中，住在棚屋里的工人斯蒂芬，想和分居的妻子离婚。他妻子是个酒鬼，数次离家出走，每次回来都卷走他所有的钱。斯蒂芬想和自己心爱的女人雷切尔结婚，于是他向住在山坡豪宅中的老板庞得贝请教离婚的事情。

从老板这里斯蒂芬得知，为了离婚，他必须向民法博士会提出申请；为了将雷切尔注册为自己合法的妻子，他又必须向普通法院提交一份申请；最后，斯蒂芬还要向议会申请获得他再次结婚的议会法令。这三个地方，都是要付费的，而且必须正装入内，也就是要穿着西装、衬衫、皮鞋入内，而这些，斯蒂芬都没有。

庞得贝向后靠在椅背上，告诉他说与雷切尔结婚的总成本为 1000 到 1500 英镑。庞得贝稍作停顿，然后补充说："也许还要翻一倍。"

庞得贝所揭示的是离婚所要支付的法律成本。在 19 世纪，英国的穷人是离不起婚的。即便是今天，离婚仍然要面临财产分割等财务问题和法律纠纷，使得离婚代价不菲。

华人作家哈金的小说《等待》，讲的是军医孔林离婚的故事。小说的开头这样写道："每年夏天，孔林都回到鹅庄同妻子淑玉离婚。他们一起跑了好多趟吴家镇的法院，但是当法官问淑玉是否愿意离婚时，她总是在最后关头改了主意。年复一年。他们到吴家镇去离婚，每次都拿着同一张结婚证回来。那是二十年前县结婚登记处发给的结婚证……"孔林为了这场离婚耗费了整整二十年人生最好的时光。

孔林所支付的是离婚的时间成本。在现代婚姻中，由离婚诉讼引起的怨恨和其他感情冲突会使夫妻双方关于离婚的讨价还价的费用变得十分昂贵，人们会利用合理的规则，把离婚时间拖得很长，使得很多人不得不走向妥协。

同时，我们还要考虑孩子的成本。诺贝尔经济学奖获得者加里·贝克尔说，结婚的时间越长，离婚的可能性就越小。如果一个婚姻一直保持其完整性（婚姻特有资本），随着时间的推移，婚姻资本积累起来，婚姻的价值也就增加了。孩子是重要的财产，尤其是年幼的孩子。当一对夫妇有了自己的孩子，特别是孩子年龄尚小时，离婚的可能性就会大大减小。不仅一些富有的国家情况如此，原始社会也是这样。

通常情况下，离过婚的人只能在比其原来婚姻更不利的条件下再婚。根据经济学家阿克洛夫的柠檬市场理论，离婚过错方不可能在再婚市场上成为很有竞争力的婚姻候选人，出轨一方很容易被贴上道德瑕疵品的标签。如果是艺人，出轨导致离婚将损害其公众形象，广告商会取消或减少其代言广告，制片方会减少其片约，其结果是自身的贬值。

婚姻不易，且行且珍惜。美国喜剧演员亨尼·杨曼说："有些人问我婚姻长久的奥秘。我们每周都要去两次餐厅，烛光晚餐，轻柔的音乐，随之起舞。她周二去，我周五去。"结束一场婚姻的成本十分昂贵，因此，选择成本最小的"且行且珍惜"，对于尚未走到破产边缘的婚姻，则不失为一个明智的选择。

怎么样从容地战胜情敌

1832 年 5 月 30 日，这个日子对于数学界来说是个灾难日。年轻的数学家埃瓦里斯特·伽罗瓦决定和他的情敌决斗。可惜这位数学家在射击上的能力远远逊色于他的数学天赋，在决斗中他身受致命伤，第二天便去世了。

伽罗瓦是个为数学而生的天才，他的理论是当代代数与数论的基本支柱之一。也许他本人也有预感，在决斗前夜匆匆写下他的所有数学成果，并不停地在边上写着"没时间了，没时间了"。就是这些草草的提纲，足足让整个数学界抓狂了几百年。

如果在 1832 年的时候就有《缘来非诚勿扰》这一相亲节目，伽罗瓦可以大展他的数学天分，姑娘们或许会为他爆灯，情敌会灰头土脸败下阵。当然，一些女嘉宾也有可能一上来就给这个数学男灭灯。

在和情敌的竞争中，自然界中的蛤蟆或许是人类很好的老师。蛤蟆是种很奇特的动物，它们不会像伽罗瓦这样决个你死我活。它们和情敌的竞争是通过夜晚的叫声，声音越低沉的蛤蟆，代表着个头越大，其他的蛤蟆于是被震慑，乖乖地去找下一个蛤蟆小姐。

美国经济学家罗伯特·弗兰克认为，蛤蟆的竞争成立的前提是，必须符合经济学的一个重要原则，即信息经济学中的难以造假原则。也就是说，小个头蛤蟆无法模仿出大块头蛤蟆的声音，因此，叫声就是一个可靠的信号。如果小个头蛤蟆拥有高保真的立体声音响，能播放大块头蛤蟆的叫声，那么游戏规则恐怕要修改了。

电影《刘三姐》中，刘三姐就是用对山歌嘲讽了地主，找到了心上人阿牛。青年男女通过对歌筛选出心思敏捷（智商高）、声音洪亮（身体健康）的配偶，同时又免去了厮杀的恶性竞争。

不过蛤蟆先生这一套优雅的方式未必都通行。雄海象的体重通常接近2700公斤，几乎是雌海象体重的5倍。在交配季节，雄海象之间就会互相厮杀，直至战败者浑身是伤逃离战场。胜利者几乎能独霸整个群体中的所有异性，它的家眷甚至可以多达100只。尽管比对手更庞大的躯体，会让一只雄海象更有可能在这种争夺配偶的大战中获胜，但异常硕大的体型也会让它成为整个种群的累赘，成为鲨鱼的猎物。

可惜人类对海象这一套竞争方式也趋之若鹜。《了不起的盖茨比》中盖茨比要夺回旧爱，就在情人黛西家对岸的豪宅里夜夜笙歌，如果他只是向着对岸放声歌唱，恐怕永远夺不回黛西。他选择了海象的策略，用炫耀性消费展示自己的体重（身价）。

蛤蟆绅士淳朴的求偶时代一去不复返，电影《华尔街》中戈登对下属布德更是直白地说："我一定要让你富有，富有到可以供养黛玲这种顶级女模，这是你的起床号，快去工作吧！"

Visa 公司为什么比你更了解你的老公

"一开始，我只是以为他应酬多，每天很晚才回来。"她跟我说着自己的故事，"可是有一天，我忽然接了一个误拨的电话，里面传来嘈杂的声音，居然是他和另一个女人的说话声，电话里，他口口声声叫着对方'老婆'。"

"接下来我仔细调查了他的一切，结果让我大吃一惊。所以，我决定和他离婚了。"她叹口气道，"如果生活中有个水晶球早早看清未来就好了。"

我想说的是世界上未必没有这个水晶球，只是她不知道而已。

Visa 信用卡公司很早就能根据持卡人的刷卡记录预测其离婚率，以便更好地控制违约风险（信用卡公司知道的可远比对方伴侣知道的多）。还有个叫加思·桑德姆的数据怪才则另辟蹊径，他发现婚姻当事人使用 Google 搜索的次数越多，婚姻持续的时间越短，尤其是当事人经常搜索的内容包含有色情暗示的照片时。

美国康奈尔大学的科学家克莱因伯格和 Facebook 高级工程师巴克斯特罗姆也有婚姻的水晶球。他们随机选择了 130 万名年龄在 20 岁以上，好友人数在 50 至 200 之间的 Facebook 用户进行调查，发现夫妻双方的朋友圈是否重合，即两人在社交网上是拥有相同还是不同的朋友圈至关重要。如果你跟伴侣的朋友圈不重合，那么你们的离婚概率应该很低，因为你们彼此的私人空间相当比较大。反之，你们之间私人空间相当狭小，矛盾的发生概率大增，关系也会很容易破裂。

美国统计学家兰迪·奥尔森调查了数以千计的已婚和离婚的美国人，根据被调查者的答案使用模型进行分析后，找到了婚姻长期稳定的一些秘密：你和你配偶挣钱越多离婚的可能性越低，每年挣到 12.5 万美元的夫妻比不到 2.5 万美元的夫妻离婚可能性低 51％；更关心配偶外表的男性离婚率会增加 1.5 倍，更关心配偶财富的女性离婚率会增加 1.6 倍；你在婚礼上花的钱越多离婚的可能性越大；私奔的夫妻比有 200 多人出席婚礼的夫妻离婚的可能性高 12.5 倍。

印第安纳州的迪堡大学心理学教授马修·赫滕斯坦更有独门绝技。他能从照片中预测当事人日后是否会离婚。（这难道就是传说中的麻衣相术？）他的团队对美国中西部的一个小镇上 55 岁以上的人做了研究，他们仔细分析比较那些人在童年阶段和青春期阶段的照片，最后发现照片中面无笑容的人比那些面带笑容的人，在人生某个阶段离婚率高出 5 倍。那些后来离婚的人不是苦大仇深板着个脸，就是堆起眼轮匝肌并不真正收缩的假笑。

我不是婚姻专家，她想必也不是想从我这里得到答案。我为她准备了手帕和加里·贝克尔关于"以双方满意的结果而离婚"的经济学公式，结果两者好像都用不上。她努力地往前看，希望有更好更积极的人生，我想经济学的意义也是如此。

怎么样把失恋的损失减少到最小

电影《失恋 33 天》讲述了 27 岁的婚宴策划师黄小仙惨遭男友背叛，在朋友王小贱的帮助下经过痛苦的 33 天终于走出低谷的故事。

黄小仙的男友既不英俊也不多金，更要命的是移情自己女友的闺蜜，这样的男人似乎没有什么可以留恋的。用影片中大老王的话说就是："这就是一个喜新厌旧的物种，你寻死觅活的，对得起自己么！"那么为何女主角对这样一个男人念念不忘呢？

美国杜克大学经济学教授丹·艾瑞里研究发现，投入越多的劳动（情感）就越容易高估物品的价值。比如人们购买了宜家家具后，回到家需要花很多力气把它组装起来。看到亲手组装的家具，心理价值就会超过同等品质的其他家具。这种因为个人的付出而对物品本身的价值产生认识上的偏差，艾瑞里将其称为"宜家效应"。

为了证明这个理论，艾瑞里发起了一个实验，让参与者为自己亲自制作的手工品估价，结果这种估价带有相当大的偏见，几乎达到了专业级手工品的价格。

黄小仙之所以舍不得背叛自己的男友，并不是男友多有价值，而是因为自己花费了七年时间，投入了太多的时间和情感，其实这就是"宜家效应"在作怪。

剧中有个经典桥段：黄小仙一度想挽回自己的感情。她拼命地追着前男友的车，心里想着："我要追上那辆车，我知道我做错了什么，你可不可以再等我片刻？为了惩罚我，我甚至愿意一路滚到你脚边。"不料被王小贱同学狠甩了一个巴掌。

　　这里涉及另一个经济学概念：沉没成本。它是指由于过去的决策已经发生而无法改变的成本。作为一种历史成本，它不应该影响当前决策。不过美国经济学家理查德·泰勒认为，人们一般都有放不下历史成本的倾向。泰勒举例说，如果你花费了40美元买了今晚的篮球比赛门票，但是天下了大雪，路很难走，你还会去看吗？如果这张票不是你买的，而是别人送的，那么回答会有所不同吗？

　　泰勒发现，大多数自己掏钱买票的人还是会去看比赛，而免费拿到票的人则宁愿待在家里。其实按照理性的模式，两种情况的决定应该一样。就是比赛带来的愉悦是否超过了雪天出门的麻烦，而买门票是否掏了钱属于沉没成本，和你的决定是没有关系的。

　　过去的投入对于黄小仙来说都是历史成本，再怎么低声下气都是增加了这种成本，王小贱的这个巴掌就是让她结清了历史成本。其实她自己也明白："市面上的好青年还有很多，一定有一个人，幽默而不做作，温柔而不咸湿（好色之意——编者注），相貌不用多端庄，但随便一笑，便能击中我心房。"

　　因此，重要的是告别过去重新开始，无论是爱情还是投资。

阅读《把妹达人》能把到妹子吗

美国畅销书作家、《纽约时报》记者尼尔·施特劳斯突发奇想，写了一本名为《把妹达人：那些坏小子教我的事》（以下简称《把妹达人》）的书，引起了不小的轰动。

稍有生活阅历的人都知道，看完某一本书就能追到心目中的女神，这也太低估现实世界的复杂性了。不过，不靠谱的畅销书比比皆是，诸如《如何在四十岁前发财》（作者还是有一定的良知，放过了中老年人）、《怎样从股市赚大钱》（你干吗自己不去赚）。当然，还有更惊人的，如《怎样一眼把人看透》、《如何在 KTV 出人头地》、《青年人怎样生活才有意思》……

言归正传，我们来谈谈《把妹达人》，照着书中所说能顺利把到妹子吗？

尼尔·施特劳斯的书中给出了这样的策略：你有没有听说过"猫绳理论"（Cat String Theory）？当绳子在猫的头上晃荡，就是碰不到时，猫会疯狂地试图抓到绳子。一旦你把绳子放下，让它落在猫爪中，猫只会看着绳子一秒钟，然后无趣地走开。所以当你用手揽着女孩，她会从你身边躲开。这时你应该给她点颜色瞧瞧——转身去和别人说话……她和那个蠢蛋说话的时候把你晾在旁边，这时你应该说："我让你们两个独处吧。"然后走开，仿佛你把她让给他——但你必须表现出你才是真正的"大奖"……

这种欲擒故纵的套路听起来既老套又可笑，那么我们用经济学的眼光看，它的问题出在哪里？

乔治梅森大学的经济学教授泰勒·考文说：单纯的"难以得到"策略（如猫绳理论）不能产生信号理论者所称的"分离均衡"（拥有信息的一方主动发布信息，把自己从不同类中分离出来，打个比方就像便衣掏出证件，在人群中喊道："警察，执行任务！"）。

"难以得到"这件事情太容易被模仿了，因此它不能有效区别男神和普通男青年。如果追到女神仅仅需要"难以得到"，那么隐士和害羞的宅男就会有大量艳遇了。当一个男人尝试用"难以得到"的策略，却没有领会这个策略的细微之处，那么大多数女性会认为这个男人愚蠢和变态。

有一项研究评估了尼尔·施特劳斯那些骗人鬼把戏的不同效果。研究者用书中提及的40种不同方式分别和205个研究生搭讪，然后来评价这些搭讪的潜在有效性。结果显示那些包含玩笑空洞的恭维，性暗示的搭讪不令评价者看好，而显示助人、慷慨、热爱运动的搭讪则受到好评。

经济学家给出了赢得姑娘芳心的建议：真正的搭讪不仅是你说了什么，更是穿着合适的衣服、举止得体，展示出成熟稳重。同时，一个男性追求一名女性，如果能获得她朋友的支持，那可是个很大的助力。当然，最重要的一点是：千万别信什么《把妹达人》。

二手婚姻市场的秘密

电影《一声叹息》中男主角感叹道："她（第三者）就是个仙女儿，你也得忍了！再说这世上哪来的仙女儿啊。"男主角这种发自肺腑的感叹是有道理的，当一场婚姻破碎时，就意味着夫妻双方将进入一个二手婚姻市场，在这个市场上，每个人的价值将被重估，因此充满了不确定性。

早在1970年，诺贝尔经济学奖获得者乔治·阿克洛夫就发表了论文《柠檬市场：质量的不确定性和市场机制》（"柠檬"在美国俚语中有"次品"的意思）。阿克洛夫通过对美国二手汽车市场的分析发现，哪怕只用过一天的新车到了二手市场上价值也会极度缩水，为何会如此呢？原因是二手市场充斥着"柠檬车"，而购车者因为信息披露的不完整，无法获得某辆车的完整信息，因此车辆价格被往下压，而信息不对称又导致"劣币驱逐良币"，真正没有瑕疵的车就不愿进入二手市场。

那么二手婚姻市场是否也是个"柠檬市场"呢？从信息经济学的角度来看，这个市场的商品也同样存在信息披露不完整的问题，"他是不是某方面有隐疾，要不好好的干吗离婚"，"他是否有怪癖以及其他问题"，这是我们对二手婚姻市场"商品"常见的判断。假使这个市场中一部分人是青年才俊或持家淑女，而另一部分人是"柠檬离异者"，那么整个市场也仍然会遵循"劣币驱逐良币"的原则，其结果就是整体价值被低估。

在婚姻市场中，每一桩婚姻都是通过价格机制来撮合的。作为女性，她的年轻貌美未育成为价值构成的最主要部分之一，因而当离婚妇女来到这个市场上无疑会处于竞争劣势。同样是诺贝尔经济学奖得主的经济学家加里·贝克尔在其著作《家庭论》中写道："离婚妇女的再婚时间比离婚男性的再婚时间要晚得多，即使女性在非常年轻时离婚也是如此……年幼的孩子增加了离婚妇女寻找另外配偶的成本，并且严重地减少了离婚妇女的净资产。"

然而在现实的二手婚姻市场中，又有一种连乔治·阿克洛夫或许也无法解释的现象：二手男吃香。据社会学的一项调查显示：有55％的女人表示自己愿意和二手男发生恋情，甚至表示愿意嫁给二手男；有34％的人选择了"视情况而定"，对二手男态度谨慎；而明确表示不会与之发生恋情的还不足10％。在现实生活中，二手男竟是抢手货。

为什么"柠檬原理"在这个市场上失效呢？一个重要的原因就是离婚成本很高，相当于一次破产，这使得普通男性尽量避免进入这个市场，这个昂贵的筛选功能使得二手男的"含金量"大大增加。

美国著名演员格劳乔·马克斯说："我们这个行当里的人都知道，每一个成功的编剧背后都站着一个女人，在那女人背后站着他的妻子。"男性通常以能力财富来标价，当原始资本积累的竞争白热化后，更多的女性倾向直接找到成功男，而不是挖掘潜力股，因而，二手男中的成功人士就会很吃香。

在帕慕克的小说《纯真博物馆》中，女主人公芙颂和丈夫离异后，立刻嫁给了无论感情上还是财富上都远超前夫的年轻富豪凯末尔。对于这种个案经济学又将如何回答呢？答案就是偏好原则，每个人的偏好是有差异的。就像芙颂所说："你认为是爱情的东西只是一种暂时的痴迷。它会很快过去的。"

因此作为离异女性，直接找到情投意合的人而不必经过市场的反复询价，无疑是最优的策略。

张爱玲是胡兰成的最爱吗

民国三十五年的一个阴雨天，在温州一条逼仄弯曲的小巷里，当四下无人时，张爱玲截住胡兰成要他做一个决定："我和小周之间，你究竟怎样选择？要是不能放弃小周，我可以走开。"

胡兰成给出了花心男最经典的回答："我待你，天上地下，无有得比较，若选择，不但于你是委屈，亦对不起小周。"同时胡兰成还说出了名言："君子之交，生死不贰，我焉可如此轻薄。且我于爱玲是绝对的，我从不曾想过拿她来和谁做比较。"

胡兰成的情史是笔糊涂账。那么胡究竟有多爱张爱玲？究竟谁是他最爱的女人？张爱玲、玉凤、斯雅珊、全慧文还是小周、范秀美、佘爱珍？在这个问题上再争论也没有结果（也许胡自己也搞不清），好在经济学大师给出了鉴定劈腿男的最佳工具，这就让我们很容易得出结论。

在1871年到1874年的短短几年，有三个经济学家——门格尔、杰文斯、瓦尔拉，几乎同时独立地提出了"边际效用"这个概念，于是一个新的门派——边际效用学派诞生了。这三位经济学大侠都想争天下第一，也就是谁第一个提出边际效用。三人正相持不下，结果发现世上早有扫地僧：早在30年前，就有个德国人戈森出版了一本《人类交换规律与人类行为准则的发展》的书，结果曲高和寡，书只卖了一本。在这本书中，戈森已经系统地阐述了效用价值理论，还提出了著名的"戈森第一定律"（即边际效用递减规律）：一种产品对于一个人来说，其额外效用随着已有总消费的每一次增加而递减。

边际学派后来发展成武林一大门派，出过很多厉害的角色，各有各的成名绝技。比如长老门格尔，我们熟知喝水的例子就是来自门大侠：当你口很渴时，喝第一杯水的效用最高（最解渴），到了第三杯就开始递减，到第五杯效用就基本为零，到第六杯就小于零（要吐出来了）。门格尔于1921年去世，1929年世界经济大萧条期间，他的遗孀生活困难，有个日本人觊觎门格尔的武功秘籍，出了一笔钱把他的藏书全部买走，当这批书运出门格尔家门时，这个日本人发现，维也纳的市民自发集结在门口抗议。

所谓效用是指消费者的心理感受，消费某种物品实际上就是提供一种刺激，使人有一种满足的感受。对于胡兰成而言，效用就是情感刺激。根据定理，消费某种物品（情感）时，开始的刺激最大，从而人的满足程度很高。但不断消费同一种物品，即同一种刺激不断反复时，人在心理上的兴奋程度必然减少，试想你连续看上五遍《泰囧》，是否还能笑出来。

因此，胡兰成最用情的女性应该是玉凤（原配）、斯雅珊（23岁时第一次感情出轨对象）或早年相好的女性。他对张爱玲的感情是有限的，因为随着恋爱的消费数量的增加，新增加的效用（情感刺激）越来越微不足道。胡兰成认识张爱玲时已经38岁，胡早就是情场老手了，张爱玲已经不知道是他的第几杯水了。即使张爱玲带给了胡部分新的刺激（毕竟张与众不同），但总体而言效用曲线早已掉头往下。

19世纪的心理学家韦伯和费克纳通过心理实验验证了这一现象，并命名为"韦伯-费克纳边际影响递减规律"。这个规律告诉我们，情场老手说"你是我一生的最爱"这话有多不靠谱。

不过可怜的张爱玲不知道这些，民国三十五年的张爱玲，仍然在负斜率的效用曲线上做最后的挣扎："你是到底不肯。我想过，我倘使不得不离开你，亦不致寻短见，亦不能再爱别人，我将只是萎谢了。"

简·奥斯汀笔下的婚姻市场

英国经济学家伦纳德·伍尔芙注意到,在简·奥斯汀的作品中,除了《爱玛》以外,每一部小说的情节核心都是金钱和婚姻。

"乖乖,是达西先生!这有谁料想得到?你可真要大富大贵啦!那花不完的零钱,那金银珠宝,那车,那马,都变成了你的……这人多帅,在伦敦还有座大住宅哩。"在《傲慢与偏见》中,班纳特夫人为女儿伊丽莎白找到了高富帅欣喜若狂。

班纳特夫人的高兴是有道理的。在赫特福德郡的乡镇婚姻市场中,富二代是个稀缺商品。在这个市场中,供需双方原本就不平衡。镇上的单身女人远远多于适婚男性,因为男人有很多选择,可以选择去大城市工作,而女性在出嫁之前只能待在家中。

"世上可成佳偶的丽人并不缺乏,但广有家资的男人却不多见。"(《曼斯菲尔德庄园》)随着两个高富帅的出现——宾利和达西来到小镇里,这使得赫特福德郡的高端婚姻市场竞争更加激烈了。

在奥斯汀时代的英国小镇,单身男女的婚姻交易,通常需要有类似证交所交易员的人来撮合成交,而这个交易员,通常就是女方的父母。班纳特夫人有五个女儿,这就让她觉得销售任务很重,但她深知只有财富才能带来幸福。当这两个高富帅出现时,班纳特夫人决定抢先一步,为自己的女儿在婚姻市场上创造优势。

当宾利刚刚出现在小镇上,班特纳夫人就弄清楚了这个年轻人的财产状况。

"哟，单身，是个有钱的单身汉，一年四五千英镑，我们几个女儿的福气可来了！"而当她听闻女儿伊丽莎白与达西订婚的消息后，狂喜之情更是溢于言表："一年有一万镑的收入，可能还要多！阔得简直像个皇亲国戚。"那么班纳特夫人是如何知道宾利和达西的年收入的？

美国圣约瑟夫大学经济学教授布克曼解释，在19世纪的英国社会，关于资产净值的信息是公开讨论的。所以当一个高富帅挂牌交易时，他的财务状况是如同上市公司一样透明的（作为绅士很少会财务造假）。

再说说宾利和达西的收入来源。在18世纪，一个人拥有财富的多寡主要是以他拥有多少土地来衡量的；而在19世纪，变成了他拥有多少金钱。据《经济学人》研究，简·奥斯汀时代的金融市场很简单，当时人们普遍把钱投资到债券，并且英国政府的信用非常好，很少违约。所以达西"一年有一万英镑"的收入很可能来自债券收益。

对于金融，奥斯汀可能了解的比我们想象的还多，和她最要好的哥哥亨利就曾从事金融业，她本人甚至还购买了海军债券。奥斯汀后半生不得不依靠亲属生活，因此她深知财富是生活的唯一保障。金钱也许才是奥斯汀小说中的真正主题。

NO.7

你所不知道的投资秘密

华尔街的精英能战胜猴子吗

卢克里是俄罗斯"杜罗夫爷爷的角落"马戏团的一只猴子,2008年12月,俄罗斯《财经》周刊找到它做了一个金融实验。他们让卢克里手里拿着代表不同股票的骰子,从中选择8枚进行模拟投资组合,并向它们投入100万虚拟卢布。

当2009年年底金融专家对猴子所选股票价值变化进行观察时,不由大吃一惊。《财经》周刊主编阿尼西莫夫说:"猴子很走运。它在市场正陷入谷底时成功买入,其股票总存量上涨了将近3倍。同时它赢得了整个市场。俄罗斯94%的基金输给了一只猴子。"

猴子真的能战胜专业分析师吗?

这场恶作剧式的比赛的始作俑者是著名经济学家尤金·法马(2013年诺贝尔经济学奖获得者),他在1965年的《商业杂志》中,发表了一篇名为《股票市场的价格行为》的论文,他在文章中说:"股票市场的价格是不可预测、随机变动的。"这篇论文提出了著名的"有效市场假说"。

本来这是象牙塔里面的事情,股票经纪人照样开着豪车,可是,普林斯顿大学的经济学教授伯顿·麦基尔1973年出版了大众读物《漫步华尔街》,指出华尔街精英貌似专业的选股,和门外汉也没什么区别。正是这本书,使得"有效市场假说"广为流传。

"有效市场假说"激起了华尔街的狂怒,锦衣玉食的证券分析师和基金经理感到他们的职业岌岌可危,那些证明他们的表现甚至低于市场平均水平的证据,像大山一样让他们寝食难安。更让人头疼的是，这些证据又很难驳倒，经济学家开展了许多研究来证实麦基尔的论断，一项由《经济学人》杂志进行的研究表明，几乎没有哪个专业投资人或者共同基金的表现能和标普 500 指数媲美（连大盘都赢不了）。

最让华尔街感到耻辱的是，麦基尔在书中说："把一只猴子蒙上双眼后让它向报纸的金融版掷飞镖而选中的投资组合，和那些专家小心谨慎选择的投资组合相比，营利性可能一样好。"那些侃侃而谈的专家，可能不如猴子，这观点可真让人来劲。受此启发，《华尔街日报》的编辑和专业分析师开展了一场竞赛。编辑们通过扔飞镖的方式随机选择纳斯达克的股票（在很多以讹传讹的版本中，编辑变成了猴子），而专业分析师则通过技术分析选股。

这场比赛每 6 个月进行一次，一直从 1988 年持续到了 2002 年，分析师以平均 10.2％的回报率胜过了扔飞镖的编辑3.5％的回报率，夺回了尊严。

谢天谢地，伟大的华尔街终于战胜了那只可恶的猴子。

不过麦基尔对此解释说：因为《华尔街日报》先是讨论专家何以如此选择，之后专家兴致勃勃地大侃选择这些股票的理由，所以这些股票无形中就得到了更多的公众的支持。

总之，那只扔飞镖的猴子还是阴魂不散。

金融危机为什么总是发生在夏天

夏天是个浪漫的季节吗？电影中说是的。在这个季节，男女常常相遇相爱，比如北野武导演的《那年夏天，宁静的海》，比如郑秀文和任贤齐主演的《夏日的嬷嬷茶》。

这个夏天，你也许幸运地早早逃离了火炉般的城市，正在夏威夷或东南亚的某个海岛上潜水。除了新认识了各种各样的鱼类和珊瑚，你还结识了一群高富帅和白富美，他们中有些人或许来自投行、基金公司和其他金融机构。你们一起喝啤酒，相谈甚欢，你觉得这真是个完美的夏天。

然而对这个世界上的另一个事物——金融市场来说，夏天并不完美和浪漫，它将一如既往地受到"夏季诅咒"的困扰。

英国《金融时报》解释说，所谓的"夏季诅咒"，是因为在夏季这几个月交易往往极为清淡，加上高管们外出度假，如果出现问题，市场可能会完全失控。（想想这么多金融机构高管正在海边度假，这就如同一万米高空中机长突然出现给乘客讲笑话发礼物，那么飞机谁在驾驶，空姐吗？）

夏天除了飘飘的长裙和迷人的比基尼，更有金融市场的烦心事。

2012 年的夏天，欧债危机的不断扩散让欧盟焦头烂额。2011 年夏天，美国遭遇国债违约危机，标普公司首次下调了美国国债评级。而 2009 年的夏天更加难熬，雷曼兄弟轰然倒塌，金融海啸一波比一波高。再往前推，1997 年的夏天，亚洲金融风暴席卷泰国，泰铢贬值。不久这场风暴横扫了马来西亚、新加坡、日本和韩国等地。亚洲一些经济大国进入萧条期，一些国家的政局甚至开始混乱。

经济学家们很早就发现，夏天的高温对股市也存在不利影响。比如台湾学者采用 1997 年到 2003 年 6 年间的台湾每日股市和天气数据，研究气温对股市获利的影响。结果发现，29℃是气温对股市收益产生影响的临界值，当温度高于 29℃，获利将会大幅下降。

那么夏天是如何影响金融市场的呢？经济学家们发现，人的情绪和感觉等心理因素在决策判断中扮演了重要角色。天气因素是金融投资决策的"情绪代理变量"，而情绪才是联结天气与收益回报的真正原因。

经济学家霍华斯和霍夫曼认为，在高温条件下，人们可能变得歇斯底里或异常冷漠。另一位经济学家坎宁安也指出，在过冷或过热的天气中，人们变得不愿意帮助别人。攻击情绪的增加将导致更多的冒险性，而冷漠则意味着不愿意承担风险。

正是这些极端的情绪，最终导致了市场的紊乱，而股市的泡沫在夏天的阳光下，就变得格外容易破裂。

股市晴雨表，这个真的有

十多年前的一个夏天，杭州遇到少有的酷热天气。我的一个朋友向他女友许诺下了爱情誓言，发誓要在股市大干一番，让她过上幸福生活。这天，女友买了西瓜顶着烈日去看他，没想到这位未来的巴菲特同志根本没去证券营业厅，而是在家和我们搓麻将，女侠大怒，施展了家暴，我们顺着墙根一个个灰溜溜地逃窜出去……

十多年后我想到这个故事，并非是要思考爱情的本质，而是想，如果我那个朋友是个经济学家，也许可以淡定地告诉她：今天天气太热，不适合股票交易。

天气和股市行情有着密切的关系。《新帕尔格雷夫经济学辞典》一书中说："天气对于评估金融市场的信息处理能力肯定是有用的。"美国俄亥俄州立大学的经济学家赫舍雷弗指出，当空气湿度很大，温度很高，天气闷热时，人很容易急躁，情绪波动大，头脑不冷静。因此在高温酷热天气买入股票是不明智的。

除了酷热天气，阴雨天同样也不适合交易。赫舍雷弗还发现晴天比阴雨天有更高的投资回报。他分析了 1982 年至 1997 年全球 26 个国家的股票市场资料，发现天气晴朗和每日股市收益有很强的正相关关系。在股票交易日的上午，晴天比阴雨天股指更容易上升。

美国有个叫桑德斯的经济学家，在著名的《美国经济评论》期刊上发表了他的研究成果：他统计了从 1893 年 1 月 1 日以来纽约市的近 100 年天气资料，然后用这些天气指数和道琼工业平均指数等比较，有了惊人的发现——天气和股价显著相关,也就是说天气越差,雨势愈大,股市的交易量就下降,平均股价也下跌。桑德斯的结论是:在 1927—1989 年,降雨量对纽约证券交易指数的负面影响超乎想象。

据《新科学家》杂志调查,华尔街股市在晴天平均有 24.8％的收益,而阴天只有 8.7％的收益。对于全球股市而言,天气影响更明显,晴天股指长了 45％,阴天却只有 16.2％。

除了晴雨因素,经济学家们甚至发现云层覆盖率也和股票收益有关。比如桑德斯发现,纽约股票交易所的股票收益和曼哈顿地区的云层覆盖比率呈负相关,当地云层越多,股票收益越低。

那么天气对中国股市有没有影响呢?还真有这么个研究报告。在一份由国家社会基金资助的研究报告中,研究人员得出上海本地的天气对沪股影响的如下结论:天气对于沪市股价的影响是短暂的,不过,天气对于换手率和波动率却有明显影响。按照交易额,上海的营业部占到了全国的 16％,因此上海的天气就变得举足轻重。

尽管经济学家们言之凿凿,但股市大佬们却不屑一顾,一篇《华尔街日报》的专栏文章就嘲讽道:"忘掉一月效应吧,桑德斯教授找到了观察股市涨跌的更好指标,你只需要给气象台打个电话就行了。"

大妈为何总是成为最后接棒人

我们常把大妈入市作为一个反向指标。大妈涌到金市抢购黄金，黄金暴跌了；大妈买入比特币，比特币崩盘了；大妈冲到股市时，股灾来了……人们习惯用"博傻理论"来解释这种现象：在资本市场中，投机者之所以完全不管某样东西的真实价值，而愿意花高价购买，是因为他们预期会有一个更大的傻瓜，会花更高的价格把它买走。而大妈们，往往会成为击鼓传花的最后一棒。

经济学家普遍认为，菜篮族等入市常常是股市的尾声。有一个广为人知的故事是这样的（我怀疑这个故事是杜撰的），1929 年，美国股灾发生前夕，总统肯尼迪的父亲在街上擦皮鞋，擦鞋童一边干活一边和他谈论股市。老肯尼迪意识到，连擦鞋童都在谈论股票，股市一定到了非常危险的境地。

还有一个原因很少被提及，那就是大妈的入场本身就很容易产生恐慌和挤兑。

爱尔兰都柏林大学经济学教授摩根·凯利（曾准确预测了爱尔兰金融危机）在期刊《美国经济评论》上发表了一篇论文，以爱尔兰裔的银行挤兑为例，用量化数据来说明"市场感染"和"羊群效应"是如何产生的。

纽约曼哈顿有一家叫作 EISB 的银行，在 19 世纪发生了两次大挤兑。1854 年的挤兑，是由于另一家名为 KBSB 的银行因经营不善发生问题，在谣言和恐慌中，EISB 银行在两周内，大约有 235 位客户（占总数 39％）把存款提走并关闭了账户。而 1875 年的那次挤兑，是由于传闻俄亥俄州信托公司倒闭以及一艘装有金条的邮轮沉没，EISB 完全吃了误伤，505 人（占总数 48%）提领存款并关闭账户。

凯利把当时的客户资料输入电脑，运用回归分析，得出以下几个结论：存款余额越少的人越恐慌；开户期越短的人越容易挤兑；女性比男性有更明显的挤兑倾向；劳工阶级比专业人士更没有安全感；挤兑和地缘有密切特征。

我们把这个结论推广到股市，当暴跌发生时，或者有谣言传播时，最恐慌的应该是小散户、新股民、女性股民以及没有任何专业知识的股盲。

所以当大量大妈股民（常常具备以上几个特征）入市后，稍有风吹草动，大妈会选择夺路而逃。根据经济学家萨默斯等人在《噪声交易者在金融市场的风险》论文中的理论，大妈常常是不看基本面，只听小道消息的"噪声交易者"。她们在广场舞的间歇交流着各种小道消息，构成一个"信息网络"。当恐慌发生时，这些成群结队夺路狂奔的大妈虽然毫无章法可言，但却构成了一种市场力量，使得其他投资者不得不跟风，从而引发市场更大的暴跌（当然暴跌还有其他因素）。

虽然大妈在广场的世界里翩然起舞，但当大妈来到金融市场时，我们就该闪人了。

买点台风和雾霾吧

1895 年 11 月的第三个星期天，浓重的黄雾笼罩着伦敦。"我真怀疑从星期一到星期四期间，从贝克大街的窗户能否望见街对面房屋的轮廓。"夏洛克·福尔摩斯望着湿漉漉黄晕色的雾漪阵阵扑来，在窗玻璃上凝结成油状的水珠，烦躁不安地在室内来回走动。

如果这个时候福尔摩斯先生能暂时忘掉凶手，把他的本事用在赚钱上，他应该买入"雾霾期货"，这会让他大赚一票，不过这种产品在 100 年后才被开发出来——2004 年，芝加哥天气期货交易所推出了空气污染物配额的期货合约及期权交易，一种和碳排放量指标类似的污染物排放指标的期权交易，这种经济学概念来自经济学家庇古在 1920 年所写的《福利经济学》一书：与其禁止，不如把这种污染排放权拿到市场上自由买卖。

商品市场的种类可能比我们想象的还多。1996 年美国能源企业首次提出"天气期货"这个概念，三年后，天气期货登上芝加哥商品交易所的交易平台，以帮助那些因天气变化而受影响的企业规避风险甚至赚钱。打个比方说，某电力公司预期夏天温度将走低，那么该公司的电力销售量也会相应减少。于是企业就提前在期货市场上做空，若当年出现了凉夏，这时电力公司在期货市场好歹有所补偿。

投资天气的热潮从芝加哥一路蔓延至伦敦、巴黎、柏林和东京，天气期货的衍生品种类也越来越多，刮风、下雪、降雨量、日照小时数都可以成为金融市场上的价格指数。如今美国的天气衍生品市场年交易额超过百亿美元。

　　20世纪90年代后期，美国汽车服务协会就做过一笔关于东海岸飓风季的交易。这其实是华尔街设计的一种金融产品，称为巨灾债券。这种债券是为了帮助保险公司规避巨大的自然灾害风险而设计的。当飓风对东海岸破坏严重时，债券投资者将损失部分或全部本金，反之，将收益不菲。

我该买点网络科技股吗

我用打车软件叫了出租车,上车后一边用手机卖出我的股票,一边回复微信上的留言。司机是个年轻人,他有一搭没一搭地和我聊着股市。到了目的地,我用支付宝付了车费,司机忽然问道:"你说,我买点网络科技股票好不好?"

我们正处在一个崭新的时代,科技公司改变着我们生活的方方面面,似乎也为其带来了巨额利润,因此,投资互联网科技股票看起来是个明智选择。

亨利·布洛杰是一名互联网股票的分析师,1988 年,布洛杰发布了一个大胆的预测:亚马逊的股价一年内会从 243 美元升至 400 美元。事实上,亚马逊的股价在这之后不到两周的时间就超过了 400 美元。后来他说了一句华尔街人人皆知的名言:"股票投资者购买的其实就是对未来的憧憬。"

我们似乎能找出一千条理由,证明网络科技公司未来的美好前景,因此,高股价似乎是有道理的。但是股价来自未来的利润,而利润来自稀缺,因此,只有科技革命增加了企业控制稀缺资源的程度时,股价才会上升。

然而你可能不知道,经济变革和科技公司高利润之间没有明显的联系。实际上,情况恰恰相反,经济变革摧毁了老牌公司的营利能力,而代替它们的新公司则需要面对很高的失败率以及公司的巨额建设成本。

2000 年,网络科技公司的市场价值占美国所有股票市值的 35%,这意味着这些科技公司的产值很快就会占到经济总量的 1/3。10 年过去之后,科技的发展的确大大出乎人们的意料,苹果等科技公司生产的产品让世界疯狂,但即便如此，2010年，科技公司的产值贡献只占所有经济活动总量的7％。

投资者总觉得每一家科技公司都会成为赢家，认为它们之间不存在竞争，于是产生一种不切实的想法：整个科技行业都将获利。事实上诞生一家苹果公司，就有数十家类似的科技公司破产。一家市场上呼风唤雨的公司，也可能会被一个正在地下室捣鼓电脑的无名小辈干掉。

经济学家蒂姆·哈福特和约翰·凯曾互相打赌：如果在19世纪买入当时最有前景和技术含量的大西部铁路公司（相当于今天的阿里巴巴）股票，投资回报率会怎么样？约翰·凯说："即使你在1835年股票上市的第一天买进，而且持股时间很长，那么你的年回报率可能很一般，不会超过10％。"

蒂姆不相信这个结论，他翻阅了积满灰尘的历史资料，最后吃惊地发现该股票平均年回报率仅为5％。这里面的原因很简单，大家竞相建设和运作铁路，竞争使得利润保持适中水平。只要存在激烈竞争，铁路就没什么稀缺力量。

网络科技股的股价如同《盗梦空间》的陀螺一直转着，只要梦还没醒来，这个陀螺就会一直转下去。

每个人心中都有一只猴子

当你没命地往老佛爷百货的奢侈品专柜跑去,这不是因为你爱好跑步,或者这些商品有什么特别,而是因为它们的价格比国内便宜得多。

和我们一样,猴子对价格也很敏感。2006 年,耶鲁大学经济学家 Keith Chen 和同事在研究中发现,当僧帽猴在交换物品时,供求关系同样成立。研究者教会僧帽猴用手中的代币去交换自己喜欢的葡萄或者苹果,假设七枚代币换葡萄,五枚代币换苹果。接着,研究人员开始改变实验条件,让某一种食物涨价了。根据供求规律,相对便宜的食物人们会多买,相对贵的那种食物人们会少买。结果,猴子也是这么做的,它们对价格同样敏感。

如果你眼下正在炒股,你通常会选择抛掉盈利的股票,而留下亏损的股票,你知道人们为什么会这么选择吗?

在 Keith Chen 的另一个实验中,研究者给僧帽猴亮出一颗葡萄,然后和它玩一个赌博游戏:抛出一枚硬币,根据落下硬币的正反面,来决定是否再奖励它一颗葡萄;另一个游戏是亮出两颗葡萄,根据落下硬币的正反面,来决定是否拿走一颗葡萄。

研究人员发现,猴子所表现出的是一种最坚实有力的人类行为基础:厌恶损失。也就是损失一颗葡萄所带来的痛苦,比多得一颗的乐趣强烈得多。这也是人们倾向于抛掉盈利股票的原因。

如果你在做生意,只考虑自己能赚多少钱,而不替对方想一想,那你的生意一定很成问题。这一点，猴子们也可以来教教你。

美国埃默里大学的科学家进行了一项实验。他们把两只僧帽猴分别关在两个相邻的笼子里，在笼外放一个很重的托盘，盘上放两只碗，其中一只装满苹果块，另一只空空如也。如果猴子想搞到苹果就必须合作，一起把托盘拉到跟前。拿到苹果的猴子并没有独吞，而是把一半分给了对方。换其他猴子多次实验，结果都是如此。但是如果托盘较轻，一只猴子能够独自把苹果弄到手，那合作就不会产生。

当你拼命干活被提拔到组长，而不干活的人却提拔到了总监，你会觉得这不公平。在社会生活中，我们常常看重的激励不仅仅是多少钱，而且还涉及受重视的体现，并且这很高程度上取决于我们和其他人的相对定位。

这回上场的是正义感极强的卷尾猴。在这个实验中，研究者用黄瓜片作为奖励，成功地教会卷尾猴交给实验者一块石头。但是，这猴子注意到旁边笼子里的另一只猴子在完成相同的任务之后，得到的是更加可口的葡萄，而不是乏味的黄瓜，这彻底惹恼了猴哥，它愤怒地罢工了。如果同伴付出了较少的努力，而得到了同样多的黄瓜，它也会作出同样的反应。不公平，宁饿肚，这才是咱猴爷的节操。

股市里赚到的钱是从哪里来的

媒体说，如果你是个上海股民，那么你在股市 2015 年前四个月的平均盈利为 15.64 万元。于是我对证券交易所这个机构极为好奇，我怀疑是不是在他们的地下室有一台高效印钞机，没日没夜地印着钞票，然后每天一大早，一排排的卡车在门口等着装钱，接着由一群装扮成圣诞老人的工作人员义务分发。

假如不是我想的那样，那么每人的 15.64 万元又从哪里来？

90 多年前的华尔街有个毛头小伙子，也和我有同样的疑问，这个人就是弗雷德·施韦德。

弗雷德是普林斯顿大学的学生，在大四的时候，他做了人生第一次风险投资，把一个姑娘带回了寝室。在他享受甜蜜的第二天，他人生的股市就崩盘了，学校把他劝退了。此后他在华尔街谋生，在 1929 年的大崩溃中损失惨重，但是他又凭借自己的经营头脑摆脱了困境。

弗雷德在华尔街入职的第一天，就遇到了和我一样的疑问。当时他还是实习生，任务就是四处走走，熟悉环境。这时他注意到一个绅士，在 11 点钟的时候买进了 200 股股票，到了下午两点半又把股票抛出。这个绅士当时很兴奋，拉住弗雷德告诉他当天的利润——560 美元，这在当时是笔不小的数字。

弗雷德站在那里，眼睛瞪得大大的，就好像你以每股 7 块钱的价格买了暴风科技的新股，当你旅游回来时，发现价格已经是每股 300 元。

在交易结束后，弗雷德红着脸向前辈请教：这笔 560 美元的钱是从哪里来的？他挣的钱是不是别人损失的？

一个头发灰白的长者和蔼又简单地向他解释道，这个人挣的钱是"空方"损失的。"空方"这个词听起来就像是氪星和魔法学校的混合体，这仍无法解答弗雷德的疑问。于是他又去询问另一个资深经纪人，这个人首先指出，弗雷德的问题很傻（好像的确如此），没有人受到损失，它只不过是伴随着美国繁荣而出现的自然增长（也就是说，在弗雷德的眼皮底下用了几个小时增长了560美元）。

弗雷德仍然疑虑重重，那个时代没有百度也没有谷歌，弗雷德只好继续请教。第三个人自信地回答说："这个客户挣钱只不过是跟上了'明显表现出来的趋势'。"最后一个人拍拍弗雷德肩膀说："年轻人，牛可以赚钱，熊也可以赚钱，但是猪却赚不到钱。"

这话听起来像是禅宗的偈语，如果弗雷德活在当下，这句话的表达可能是"站在风口上，猪也会飞上天"。

弗雷德得到顿悟，后来成为著名的作家，专揭华尔街的隐私。他再也没有回答"股市里赚的钱是从哪里来的"，而是回答了"股市里亏的钱去了哪里"。他说，那些券商大佬指着停在码头的游艇得意地说："瞧，这是我的游艇。"那么请问，股民的游艇又在哪里呢？

专家的预测为什么总是不靠谱

加利福尼亚大学的泰特罗克教授潜心研究各种专家的预测，比如对海湾战争、日本房地产泡沫、苏联解体等的预测。这项研究持续了15年，最终他将研究结果发表出来，其结论可以概括为一句话：专家的预测基本都是瞎掰。

泰特罗克的调查中涉及的专家，无论职业、阅历或者研究领域，所作的各项预测准确率都基本和扔硬币差不多。另外，他还发现，如果一个专家接受媒体的采访越多，他的预测就越不靠谱。

他的结论自然招来了专家的强烈谴责，不过这件事，恐怕早在泰教授的预料中。

百度和谷歌为我们提供了非常实用的工具，现在让我们坐上时光机器，看看中国股市在到达顶峰6124点（2007年10月16日）之后的一个月里，专家是怎么预测后市的？

一个姓谢的经济学家在10月27日说："目前股市的调整还是正常的。中国股市还有很多大事、任务未完成，因此不能搞坏……千金难买牛回头……在6000点一带回调一下，歇口气，也是可以理解的……调整得越充分，股市的发展就越健康。"

一个姓韩的金融专家在10月29日说："最近一个时期的股市下跌，是股市发展过程中的正常调整，中国股市的牛市进程还远没有结束。市场调整得越充分，牛市的发展就越有后劲。"接着他非常具有全局眼光地说："中国经济发展中

175

第一次出现了虚拟经济与实体经济相互促进、相得益彰的正面互动……中国正在实现从农业文明到工业文明再到资本文明的大幅度跨越。"这话怎么看都像是我中学学习委员写的作文。

一位人称"中国女巴菲特"的专家在 10 月底某卫视的一个节目上说："牛市至少还有五到十年。"另一位德高望重的经济学前辈在 11 月初接受采访时说："不要把奥运会（2008 年）看成是终结，股市的发展是个宏观趋势，人要站高一点，就像在飞机上才能看到……股市大盘是好的，虽然时有波动，但牛市态势未变。"

如果你自己去问爱问、问度娘，那结果也好不到哪里去，10 月 24 日一个股民怯生生地问：大家是不是觉得到熊市了？马上一个前辈气愤地跳出来教训道：老弟恐怕还没有见过熊市吧？否则怎会如此说话？大家到股市炒股，应该有一个平和的心态。试想如果连心态都乱了方寸，又哪里来的理智？没有了理智又如何正确操作？没有正确的操作，又哪里可以挣钱……

经济学家普拉卡什·朗佳尼同样对各种经济预测的准确性作了研究。他发现，所有的专家预测结果均大致相同，并且同样的不靠谱，比如即使到了 2008 年 9 月，也没有任何经济学家预测出 2009 年出现的经济衰退。而当经济学家开始作出"预测"的时候，危机已经来临了。

所有的疯狂都相似

电影《窃听风云 2》讲述了香港股市中几个大佬成立"地主会"操纵股市的故事，其背景是香港历史上真实发生的事情，也就是 1973 年的香港股灾，在这一年间市值蒸发了九成，数以万计的市民因此而破产。

1987 年香港再次遇到股灾，恒生指数跌去四成。当时流行一个笑话，说青山精神病院里也有证券交易所，因为医院里有一大帮因炒股发了疯的精神病人。就在股灾前，市场一片红火，妖股频现。

1929 年 10 月 29 日是美国历史上最大的股灾日。而在这年的春夏，就在股灾即将到来之前，华尔街以及整个美国却沉浸在财富的狂欢中。当时美国一家晚报登了这样一首儿歌，用今天的语言就是："噢，我的宝贝，不要吵。爸爸在牛市里买了'一带一路'，妈妈照秘诀买了'互联网＋'，宝贝，你很快就有漂亮的新鞋子。"

为了吸引更多的妇女入市，许多证券经纪商还专门设立了"女士专用房间"，有时还配有简易的免费美容院。一个发疯的股民愤怒地指责为什么没在每节地铁车厢里装上电报机方便下单……他的这个要求不见得太荒唐，在波士顿的一家工厂里，在所有的车间都安放了大黑板，一名职员每隔一小时就用粉笔写上交易所的最新行情。在得克萨斯州的一个大牧场上，牛仔们通过接通电台的高音喇叭，了解每一分钟的行情。

1929 年 10 月 29 日，灾难来临。从洗碗工到银行家忽然疯了一般地卖出股票。股票骤然贬值大半。当天中午,损失已高达 60 亿美元。华尔街开始陷入疯狂。一些开着自己的游艇出海玩乐的富翁,靠岸时忽然发现自己已经一贫如洗。当时有一个笑话说,豪华酒店里兹·卡尔顿酒店的问候语那天改成了"请问您开房间是住宿还是跳楼?"还有比这更黑色幽默的:"你必须排队才能挤到窗口跳下去。"

一个投资者在 1929 年年初的财产有 750 万美元,最初他还保持着理智,用其中的 150 万购买了国债,然后把它交给了自己的妻子,并且告诉她,那将是他们以后所需的一切花销,如果有一天他向她要回这些债券,一定不可以给他。在 1929 年年底,那一天来了。他向妻子开口,说需要追加保证金。妻子最终还是被他说服了,故事的结局可想而知。

这场股灾引发了持续的经济危机,胡佛总统曾经要求喜剧演员给人们一点欢笑,结果就有一大堆取笑胡佛本人的段子,比如:"梅隆(时任财长)拉响汽笛,胡佛敲起钟。华尔街发出信号,美国往地狱里冲!"

阿姆 PI 的奇幻漂流

和少年派一样,经济学家马丁·阿姆斯特朗的故事和圆周率(Pi)有关。

还和少年派一样,马丁·阿姆斯特朗也有两个故事。

先讲第一个故事。

我们先把镜头对准少年时代的阿姆斯特朗。一天历史课上,老师放了一部讲述 1869 年操纵黄金市场的影片。片中一个人报出了 162 美元/盎司的价格。阿姆斯特朗知道黄金在 20 世纪 60 年代也只有 35 美元/盎司。开始他以为 162 美元的价格是好莱坞乱编的,但是去图书馆查了 1869 年的黄金价格,发现确实到过 162 美元。这件事对他影响很大,于是经济周期成为他的研究对象。

阿姆斯特朗的父亲曾在传奇的巴顿将军手下干过,而阿姆斯特朗的行事同样传奇。他在 20 岁的时候,就提出了自己的"经济信心模型"。凭此模式,他创办了"国际普林斯顿经济学"研究机构,向客户提供金融市场预测,并且准确预测了 1987 年的股市大崩溃,从此名声大噪。他当时结交的名流有撒切尔夫人和各央行总裁,咨询费更是高达每小时一万美金。华尔街曾有句口头禅:谈话免费?问问阿姆斯特朗啦。

再说说他的理论,这可有点深奥,简单说来就是他发现公元 1683 年到 1907 年的 224 年内,金融市场共出现了 26 次恐慌,恐慌出现的时距平均为 8.6 年,而 8.6 年刚好是 3141 天,这刚好和圆周率(Pi)吻合,于是创立"派循环理论(Pi Cycle)"。理论虽然拗口,但却相当厉害,他准确预测了日经指数在 1989 年见顶,并及时通知客户抛售了日股。当年他被评选为"北美顶级经济学家",他管理的资产也达到了惊人的数字。

1998年7月20日,阿姆斯特朗又用"派循环理论"准确地预测了标普指数见顶,国际金融界为之震惊。

以上就是阿姆斯特朗的神奇故事。下面我们要讲的是另一个完全不同的故事。

1998年的一天,中央情报局(CIA)的人敲开了阿姆斯特朗的门,他们想要知道他为何能准确预测卢布大贬值,他们怀疑他在俄罗斯有特别消息来源,也就是内线。但阿姆斯特朗却对探员们大谈圆周率,弄得他们晕晕乎乎。

1999年9月,美国联邦调查局(FBI)上门搜查,带走了数十箱文件,随即阿姆斯特朗被捕,并于9月底被控以"经营庞氏骗局"捏造账目等24项罪名,其中涉嫌的最大罪行是向日本投资者违法销售有息票据,最初阿姆斯特朗被判七年,但因为"藐视法庭"又加了五年。而阿姆斯特朗始终认为,他的预测就是和圆周率有关。并且他自视甚高,始终把自己和亚当·斯密、林肯、伽利略相比。

这就是我要讲的两个故事。

阿姆斯特朗也许是个奇才,也许是个骗子,也许两者都是。

我不知道,这两个故事,你更相信哪一个。

如何营销一条真正的龙

在美剧《冰与火之歌》中，弥林女王丹妮莉丝拥有三条火龙，这让她看起来很风光。三条火龙相当于在中世纪的某个国家，拥有一个轰炸机编队。凭借三条龙，你可以完全掌握制空权。

那么这些龙究竟值多少钱？美国财经作家马修·伊格莱西亚斯根据剧情作了推算。

我们先来看看龙和商品之间的交换关系：善主克拉兹尼愿意拿1000名奴隶武士来跟丹妮莉丝交换商船上的全部货物；他还愿意再拿出1000名武士来购买这三艘商船本身。最后克拉兹尼根据丹妮莉丝的提议，用自己拥有的全部8600名武士来交换上述这些物品并外加丹妮莉丝的一条龙。

通过计算我们很容易得出，一条龙的价格等于6600名武士，或者20艘商船。

现在我们对这些龙的价格有了大致了解。不过伊格莱西亚斯接着说，这个价格可能低估了龙的真正价值。原因之一是龙如果掌握在懂得御龙之术的高人手中，就会威力强大。但是懂得御龙之术者实在太少了，这就相当于轰炸机很厉害，但是没人会操作，飞机就会大大贬值。

阿斯塔波地区出品的奴隶武士拥有极高的区域品牌认同度，这很大程度上得益于善主们对品牌信誉的维护，这些武士能卖出一个公平合理的价格，而这些龙却很难。更要命的是丹妮莉丝撕毁了和善主的约定，让她的龙烧死了买主，而她却夺得了那些交换品。这个违背商誉的举动，让丹妮莉丝很难再在市场上以合理的价格出售龙，交易的风险成本会变得巨大，没人愿意再和她合作。

如果丹妮莉丝想继续营销她的龙宝贝，她可以采取这些方法：通过大家彼此信任的第三方进行交易，不过在钩心斗角的七大王国，能找出信任的中间人可不容易。把龙作为抵押物，从金融机构（金库）获得贷款。这样做仍然存在先前的问题，丹妮莉丝的龙宝贝评估价格会被大大低估，同时金融机构的大佬们也会因害怕成为"烤肉"拒绝交易。

最可行的办法是，丹妮莉丝开展这些龙的租赁业务。丹妮莉丝一共只有三条龙，如果出售，很难像沃尔玛或麦当劳一样形成品牌效应。而租赁业务则不一样，几条龙可以通过数十次的市场服务，形成"丹妮莉丝龙品牌"。并且租赁可以使买家承担最小的金融风险，而丹妮莉丝，始终是这些龙宝贝的产权拥有人，这就像国际租赁金融公司（ILFC）租赁波音飞机一样，逐渐形成良好的商业美誉度。

更重要的是，丹妮莉丝可以始终在这个市场保持垄断地位，不过，她最好先给她的龙宝贝们都购买保险。当然，丹妮莉丝也可以考虑上市，在资本市场，重要的不是业绩，而是故事，这点，丹妮莉丝无与伦比。

傻瓜才买带"8"的彩票

"8"这个数字在中国是个宠儿,所有的人都喜欢和8沾边的事物。比如手机和车牌号码,连续几个8甚至会被用来拍卖,挂着一连串8的车牌成为一种炫耀的资本。在生活中,和8有关的偏好就更多了,比如酒店自助餐的定价喜欢用188、288;影楼写真的定价是1888、2888。商家也愿意在带8的日子开张或者促销,甚至北京奥运会开幕的时间也是2008年8月8日晚上8点。

8有这么好吗?比如你的车牌尾数是8,你一定觉得是件吉利的事情(甚至还托了人才搞到)。事实上,由于很多城市按照尾号限行,而尾号带8意味着你被限行这天马路是最空的(尾号带8的车数量最多),你的行车福利就是因为8相对受到了损失。

如果你是个彩迷,你在买彩票的时候也一定喜欢带个8图吉利。英国南安普顿大学的数学家考克斯尝试找寻彩票获奖的方法。他通过分析113期的彩票走势图的数据,找到了英国彩民最常买的一些号码。结果显示,7这个号码是最受英国人青睐的(毫无疑问,这个幸运数字在中国一定是8),接下来就是14和18两个数字,31以下的数字人们买得最多。"人们称之为生日效应,"考克斯说,"很多的彩民都倾向于以自己的生日作为彩票号码。"

然而幸运数字不幸运。1995年1月14日,是埃莱克斯·怀特永生难忘的时刻。他买的英国国家彩票中的6个号码全部猜中,这种彩票的头奖总值是1600万英镑。但不幸的是,他却仅仅获得了不到12万英镑,这是因为还有132

个彩民同样猜中了所有 6 个数字，这次开奖都是热门数字，所以平均分到每个人手上的奖金就只有这么多了。

事实上，在彩票投注中，所有数列的中奖概率都是一样的。你只能做到避开热门数字（在中国尤其不能买 8），以免别人和你分享奖金。

同样在股市可能也要尽量避开 8。美国学者大卫·赫舒拉等人发布了他们对中国 IPO 市场 1991 年到 2005 年数据的研究报告，指出了数字迷信跟金融决策的关系。他们发现股票上市代码里幸运数字出现的频率高于概率，而且越是大企业代码里幸运数字越多，比如中国银行（601988）、工商银行（601398）、中国石化（600028）。在深交所里，股票代码里幸运数字出现的频率比实际概率高出 22％，不吉利数字出现的频率则比实际概率少了 17％。

那么买这些带吉利数字股票的回报如何呢？研究发现，投资者会倾向于买入代码中有幸运数字的股票，这导致了股票最初的估值溢价偏高。而这也使得其在上市三年后，代码里有幸运数字的公司回报率比其他公司平均低 6％左右，用以纠正最初的估值溢价偏高。

不过有趣的是，在证券市场，8 不能"发"，并不代表 4 能咸鱼翻身。以 2012 年为例，代码以 4 结尾的股票收益率排在倒数第三（如果在牛市行情时，因为有足够的投资机会，投资者面对众多股票可以对代码进行选择，4 的收益率会更低），而表现最好的居然是代码以 0 结尾的股票。

不会理财的村上春树是如何躲过暴跌的

村上春树是个对理财和投资极不擅长的人，他身边的朋友劝他："小说这玩意是没准的东西，不趁现在好好投资要坏事的。"

村上想想也没错，身体好能写的时候自然无所谓，而一旦身体出毛病就什么保障都没有。于是向朋友请教，该怎么投资理财，存银行定期好不好。这马上遭到了朋友的嘲笑："开什么玩笑！存银行定期？如今这超低息时代怎么好这样。"

朋友给村上指明了一条赚钱的康庄大道：炒房。最好买间单身公寓，因为单身公寓简单、稳定，没风险。纵观战后，房价就没有跌过……

经朋友这么一说，村上春树也觉得是这么回事，于是和朋友一起去看公寓。那是一间位于东京麻布的 30 多平方米的单身公寓。用村上春树的话说，就是"房间长得出奇，一张床可以放满的卧室，和必须并坐才能用餐的餐厅兼厨房，加一个俨然洗拖把水桶的浴缸，这就三千万日元"。

这玩意也要三千万，未免太荒唐了！村上喊道。朋友在边上直摇头，这些书呆子真让人无语，他说："又不是要你住在这里，这纯属投资，房子跟股票是一码事，你会介意股票的颜色和图案吗？"村上春树想了想最终没有买这套公寓。一年半以后，那间单身公寓的价格轻松跨过了五千万日元。那是 1985 年的事情。

村上日后回头看这段经历，他会感到庆幸。1985 年的日本，正是楼市癫狂的时期。这一年，日本签订了"广场协议"。之后日元兑美元的汇率由 240∶1 升至 80∶1，日元大幅升值导致国际热钱不断涌入日本，推波助澜地进一步吹大了楼市和股市泡沫。

当时没有人认为楼市会跌，日本人普遍认为"土地不一样，美国国土比日本大 20 倍，而我们的价格是他们的 2 倍，而且谁也不能让日本的国土面积多出一寸，你得到了别人就不能再得到了，价格不会下跌的"。日本楼市泡沫在 1990 年达到顶峰，随之而来的是泡沫破裂，楼市崩盘。1991 年，日本房地产神话的泡沫破灭，楼价跌去 2/3。

村上春树至今还在埋头写他的小说，对于这段经历，他说："正是因为一些人和公司作为投资大买不动产，东京的地价才疯狂上涨（甚至政府都在玩理财游戏），而把普通老百姓逼入了苦干一辈子都无法拥有自己住宅的惨境。无论怎么看，这都不是正常的社会。"

其实很多人和村上一样，看到了楼市的泡沫（这玩意也要三千万日元，未免太荒唐了），但是正如索罗斯麾下的前首席投资官基斯·安德森所说："我们明白泡沫所在，但是你不会去赌泡沫会破裂，因为你还没有满足。"

NO.8

当经济学家来到体育比赛中

体育比赛为何要"劫富济贫"

假如你是个超级富豪,忽然想到要砸钱弄一支球队来玩玩,你对手下说:"你们把巨星谁谁都给我买来,咱只买最贵的。谁球踢得像男人,再奖个 2000 万,钱不成问题!"

假如你有足够多的钱,是不是能组建一支无敌的超级球队呢?

这个想法在有些地方可能行不通。

球队老板和经济学家都发现一个规律:现场门票和电视直播的收入对球队的相对表现具有敏感性。也就是说,球队越是势均力敌,赛事越是紧张,冠军越是更换频繁,比赛就越赚钱(想想谁爱看巴西世界杯德国 7 比 1 胜巴西这种虐心的比赛)。

对整个联赛来说势均力敌才是利益最大化,但对每个俱乐部而言,相对成绩却很重要,每支球队都愿意为获得竞争优势多付出一点。这就会产生如下结果:每一支球队为了获得竞争优势争相加码,于是演变成一场"军备竞赛"。这种结果对谁都没好处(除了球员本人),这就像我们的电视剧,演员的价码越来越高,戏却越拍越烂(投资都花到了演员身上)。

憨厚的美国人在算钱这件事情上可不傻,他们很快发明出了"工资帽"和"奢侈税"这些东西,来防止球队之间进行恶性竞争。拿 NBA 为例,"工资帽"是根据 NBA 前一年的总收入,按一定计算方法得出的一个数字,各球队花在球员身上的银子不得超过这个数字。

如果遇上叼着雪茄爱撒钱的大土豪，球队的工资总额可能超过上限，那么对不起，这支球队就要向联盟交纳奢侈税了。既然是"奢侈税"，扣起来就不会心慈手软了，每超过一元就要交一元钱的税。这笔款项当然不是用来给联盟老板的干女儿买玛莎拉蒂的，而是按照一定的比例在其他球队分配。

"工资帽"在美国体育联盟中广泛使用，但光有这顶帽子还不足以保护弱队，他们还采用了更多的"交叉补贴"方法。交叉补贴是指在同一联盟中，用一支球队的经济资源来帮助另一支球队。最直接的补贴，就是向高富帅球队征收高额收入分成税，用来支持小球队。比方说，那些豪门球队的门票不是卖得很好吗？转播不是很热门吗？对不起，这些钱弱队也有资格分一杯羹。说白了，就是球队之间"劫富济贫"的罗宾汉模式。

经济学家加里·贝克尔在《棒球联盟：如何制定合适的政策》一文中，也提出了向总额超过 4000 万美元的棒球队征收 33％ 的税。他说，联盟把收缴的税收分发给各支球队，既遏制了"军备竞赛"，对小球队的老板也形成一种补偿，让他们也能充分享受到纽约杨基队、洛杉矶道奇队等传统大球队的更多资源。

精彩的赛事背后是经济规律，光有钱可能还不管用，这点，土豪们可不是经济学家的对手。

球队差劲，换个教练有用吗

2013 年 6 月 15 日，国足以 1 比 5 惨败于鱼腩泰国队，媒体将国足调侃为"专注输球 30 年，一直被模仿，从未被超越"。震怒之下足协让主教练卡马乔立马滚蛋。同年 7 月，傅博担任代理主教练。

解雇教练能不能让球队的表现好点？荷兰马斯赫里赫特大学的经济学家巴斯·特·威尔分析了危机中的俱乐部是否会在更换教练之后表现得更好一些，他的结论是：新任者没有带来任何改善。

卡马乔成为替罪羊卷了铺盖走人，舆论想象着新任者正振臂高呼作着充满悲壮的演讲（恨不得替他写好演讲词）；球员知耻而后勇，激发着一切潜能，为国家的荣誉和男人的尊严而战；接下来球员在教练的指导下投入玩命的训练中，以往种种的不良表现得到大幅改善……

不过这样的希望可能寄托错了地方。威尔冷冷地说，这种做法只有一些被大众媒体推高的极短期的冲击影响，但是这种冲击不会持续很长时间。在多数情况下，球队换了教练之后，只会在第一场比赛中出现明显可见的提高（2013 年 7 月底，新帅傅博带领的国足获得东亚四强赛亚军），然后就回落到球队以往的水平中了。

教练当替罪羊似乎也是"国际惯例"。威尔分析了荷兰职业足球甲级联赛从 1986 年到 2004 年的数据，在这段时间内，81 名教练被解雇，还有另外 103 名教练没有被续约。威尔注意到了"一种对于教练来说相对而言很高的风险率，因为在一般赛季中，超过 50％的球队更换了教练，44％的离职是强制性的"。

那么问题来了，为什么一个新的教练很少能给球队带来好的变化呢？是不是因为球队实在太烂无可救药，或是教练的人格魅力对球技的影响微乎其微？

为了回答这个问题，威尔使用了一个方法，他将换了教练的球队与一些表现变差并坚持不换教练的俱乐部的球队放在一起作比较，并把俱乐部在过去连续四场比赛中积累的每场比赛的积分作为测量球队在球场上的成绩标准。这时威尔有了惊人的发现，在危机中坚持不换教练的球队，会更快恢复其表现，而那些更换教练的球队就恢复得慢一些。

威尔把他的研究结论转化到一般的商业活动中去，他说："对于企业业绩来说，管理者的素质并没有其他研究者认为得这么重要。"

同时威尔还有一个意想不到的发现，已经做了很多年教练工作的老教练，或以前是球员的教练，与那些缺乏专业经验的教练相比较，他们拯救俱乐部的能力更差。经济学家克里斯蒂安·格伦德和奥利弗的调查解释了这种现象：即使是经验丰富的足球教练也很难避免战略性错误，当他们的球队失利时，教练经常会再行增加前锋来加强进攻，随着赶超概率的增加，这种策略也增加了自身风险。

足球俱乐部的老板都疯了吗

世界杯是场叫作"金钱的游戏"的连续剧。据巴西一家体育数据分析机构统计，在 2014 年世界杯梅西以 1.396 亿欧元的身价成为最贵巨星，罗纳尔多则以 1.042 亿欧元的身价排名次席，内马尔以身价 6740 万欧元排第三。梅西一人身价可抵七支哥斯达黎加队。

据世界银行公布的数据显示，全球有超过 10 亿人口每日的生活费不足 1.25 美元。当 2013 年巴萨用 5700 万欧元收购了内马尔时，该国的经济才刚刚从欧债危机的泥潭里爬出来。巴塞罗那主教练马蒂诺曾这样评价动辄上亿的天价转会费："这样的价格，简直是对这个世界的不尊敬。"

俱乐部的老板是疯了吗？球星值不值这么多钱呢？

经济学家在这方面的考虑可能更为理性。他们认为，正如市场经济的其他方面一样，某项技术的价格与它的社会价值并无固然联系，只与稀缺性有关。1987 年的诺贝尔经济学奖获得者罗伯特·索洛是个出了名的棒球爱好者。有记者问他，他所获得的诺贝尔奖奖金比克莱门斯（当时的红短袜队的投球手）一个赛季所赚的钱还要少，他是否感到苦恼。索洛不以为意地说："世界上有许多优秀的经济学家，但只有一个克莱门斯。"

1981 年芝加哥大学经济学家舍温·罗森发表了名为《超级明星经济学》的论文。他说，运动员的巨额收入并不是社会活动中捉摸不定的现象，而是可以预测到的经济力量作用的结果。罗森还说，竞赛效应使得某个稍稍"优秀"一点的人能够轻易赢得整块蛋糕，而其他人什么也得不到。在足球比赛市场上，天赋上的微小差别会造成收入上的巨大差异。

贝利是有史以来最伟大的球王，他1958年在瑞典世界杯惊艳亮相才17岁。1960年，桑托斯队付给了他15万美元的年薪，这相当于今天的110万美元。这个收入在今天看来只能算中等：2009—2010赛季薪酬最高的球员C罗从他效力的西班牙皇家马德里队拿到了1300万欧元的薪酬；贝克汉姆2009年除了从洛杉矶银河和AC米兰拿到700万美元工资外，还得到了3300万美元的广告费。

贝利的收入远远排在这些人后面，这并非他技不如人，而是在那个时代没有那么多人有机会领略他的球技。1958年巴西只有35万台电视机，而人口是7000万，世界第一颗电视卫星是1962年发射的，根本没赶上贝利在世界杯的首次表演。而2010年南非世界杯，C罗代表葡萄牙上阵，转播的国家有200多个，把所有场次相加，相当于有几百亿双眼睛在观看比赛，比全世界总人口还要多。

新技术淘汰了旧技术，也扩大了市场的整体规模，俱乐部的老板们并不傻，他们赚到了更多的钱，买了更大的飞机。的确，世界上有成千上万的人还睡在水泥管子里，可这又关他们什么事情。

经济学家是如何扑点球的

身价 6740 万欧元的巴西队球员内马尔站在罚球点前,大脑飞速地转动。

在 2014 年世界杯八分之一决赛的点球大战中,智利队的门神已经扑出了一个点球,因此,这个点球非常关键。

不过,有件事让内马尔非常纠结。智利的门将、队长布拉沃前面四次扑点球,都扑向球门的右边。看来,布拉沃习惯扑向右边。那么,对内马尔来说,把球踢向左边是最佳选择。

可是,布拉沃也知道"内马尔知道布拉沃喜欢扑向右边",那么布拉沃更有可能扑向左边……究竟把球踢向哪边是最佳选择呢?

经济学家或许乐于回答这个令内马尔纠结的问题。经济学家摩根斯坦和数学家冯·诺伊曼在第二次世界大战时期创立了"博弈论"理论,就适用于罚点球问题。根据理论,选择力度较强的一边射门,具有优势,而这种选择又过于容易被人猜中,因此也是一种劣势,真正的高手是在不同选择之间发现完美的平衡。

美国布朗大学经济学家韦尔塔对扑点球这件事情也充满兴趣。他对主罚或防守过 30 粒点球以上的球员和门将进行了仔细分析,想找出他们是否遵循某种规律。在他的研究数据中,齐达内主罚的点球成功率超过了 75%,布冯的扑救成功率为 17%。在他看来,齐达内和布冯都可以算是出色的经济学家:他们的罚球和扑救策略都完全无法预测,他们在不同的选择中都选择了最佳的均衡。他还发现,优秀的射手和守门员个个都是战略大师。在韦尔塔研究的 42 名顶级球员中,只有 3 名没有运用博弈论战略。

2006 年世界杯德国对阿根廷的点球大战中,德国门将雷曼的袜子里有一张纸条,那是教练赛前准备的,上面写着面对阿根廷的不同射手时分别应该怎么扑。当阿根廷队的中场天才坎比亚索上场时,雷曼拿出了纸条,上面字迹潦草,他找了半天也没有找到小坎的名字。而坎比亚索却慌了神:雷曼在看什么?最后雷曼扑出了那个球,看来帮助他的不是博弈学,而是心理学。

以色列经济学家阿扎尔同样也对研究扑点球跃跃欲试。他的研究小组在《经济心理学》杂志上发表了专门的论文。他们根据计算发现,如果一个守门员待在中路不动,扑住点球的概率为 33.3%,扑向左右两侧的概率分别只有 14.2% 和 12.6%。不过阿扎尔也指出,如果门将总是待在中路,点球手们就会毫不迟疑地改变战术。

更重要的是这说明了一件事:比丢球让门将感觉更坏的是不行动(待在中间)。纽约红牛队的门将塞佩罗说:"如果你站在原地不动,认为球会直直打向中路而不进,那你看起来就像个猪头。"

内马尔最后把球踢向了左边,这次,他猜对了方向,球进了。没人知道布拉沃为何五次都扑向同一方向。

裁判的判罚为什么常常不公正

洛杉矶湖人队曾为新赛季启用一套新球衣——好莱坞之夜。这套球衣主色调为黑色,湖人队官方表示,无论是在球衣款式还是颜色方面,都是为追求总冠军而设计的。不过这可能是个糟糕的选择,在选球衣这方面,他们可能也要听听经济学家的意见。

美国行为经济学家托马斯·吉洛维奇说:电影发明以来,"坏人"都是以头戴黑色帽子的形象出现的,在世界上各种文化背景中,黑色都被看作死亡和邪恶。这种心理联系会造成人们对穿黑色服装个体具有攻击性的判断。

托马斯·吉洛维奇和他的同事进行了一组实验,他们让几组训练有素的裁判分别观看两套录像带,录像带的内容是一样的,都是一方球员在进攻。不同的是一组攻方球员着黑色球衣,另一组着白色。接下来研究者比较了裁判对黑色球队和白色球队的评价,结果发现,观看黑色球队的裁判普遍认为球队动作攻击性太强,应给予更多判罚。

吉洛维奇说:黑色的攻击性联想导致这些裁判作出不公正的裁决。由于这种偏见的存在,我们也就不奇怪为什么在过去 20 年里的橄榄球和曲棍球比赛中,身着黑色队服的球队的受罚次数明显高于平均水平。

除了球服的颜色,主客场的比赛场地也会影响到裁判的判罚。

在《比分预测》一书中,托比·莫斯科维茨统计了各种运动中主队获胜的比例,其结论是:"运动员在主场比赛时,好像在棒球比赛中他们的击球和投球并没有更优秀,足球运动员传球也没有更准。观众好像并没有帮助主队或伤害客队。"

那为什么主队获胜的比例更高呢？这是因为裁判会略微偏袒主队，比如在判点球的时候——在足球比赛中裁判对比赛结果的影响更大，所以主场优势更大。莫斯科维茨还发现，裁判的偏向是不由自主的。

裁判并不是有意偏向主队，而是因为作为社会动物，裁判会吸收主场观众的情绪，不时地作出让观众高兴的判罚。另一项研究证实了这一看法：在足球场边还有跑道的赛场主场优势更小，在没有跑道的体育场主场优势更大。这显然是因为观众越靠近球场，裁判越容易受到主场观众情绪的影响。

经济学家大量的研究表明，裁判会系统性地偏袒主场队。奥地利因斯布鲁克大学的马提亚·萨特和德国慕尼黑大学的马丁·科歇尔研究发现：当足球比赛进行到 90 分钟时，如果主场队以一分落后，那么伤停补时的时间往往会比正常的时间长一些，在西班牙会长两分钟，在德国会长半分钟多一点。

两位经济学家基于 2000—2001 赛季德甲联赛 306 场比赛以及地区联赛的研究还发现，在判罚球时，裁判会按照有利于主场的方式做。以体育杂志《球员》上的足球专家判断为基准，在"判罚还是不判罚"问题上，如果判决有利于主场队，那么德国裁判有 81％的可能会作出正确判决；而如果判决有利于客场队，那么裁判只有 51％的可能会作出正确判决。

不过这个问题也不是无解。英国萨里郡大学的经济学家尼尔·里克曼等人的研究指出，在英国引入职业裁判之后，英超联赛中裁判作出判决的质量水平大幅提高。在英国，从 2001 年到 2002 年赛季开始，英超联赛裁判的报酬就出现大幅提高，不再是每场寥寥几百英镑的收入，他们得到的报酬是每年 33000 英镑的薪金加上每场比赛 900 英镑的费用支出。作为回报，那些犯错太多的裁判会受到严厉的问责，最高处罚包括停职。一年以后，系统性有利于主场的行为停止了。

那些在错误的时刻吹响哨子的裁判将面临痛苦的收入损失。在经济学家看来，职业裁判的引入对裁判的行为产生了非常强烈的激励作用。毕竟，谁也不会和钱过不去。

真有"冠军魔咒"这回事吗

2014 年世界杯开赛没几天,曾经风光无限的西班牙队便打道回府了,这也是史上最短命的世界杯卫冕冠军。卫冕冠军都走不远,近四届世界杯有三支卫冕冠军止步小组赛,而成绩最好的也仅仅是八强。

那么为什么卫冕冠军常常表现得很怂?是不是真有一个法力无边的巫婆发出了可怕的魔咒?基金经理为何也常常遇到"冠军魔咒"(冠军私募基金第二年常常表现失常),这里有经济学的道理吗?

在金融学上,有一种理论被称为"自我应验预言",就是当大家都以为某些事情会发生,事情最终也会朝那个方向发展。最典型的事件就是"丁蟹效应":每次上映郑少秋的影视剧,股市就会莫名其妙地下跌。其原因就是部分投资者迷信这种现象,生怕相关效应必定灵验,进行非理性的减仓,结果使得证券市场出现暴跌。

在生活中我们也会碰到这个现象,比如某大师说你会和老婆离婚,你开始忍不住偷看老婆的短信,越来越不自信,最后,一切如大师所料……同样,在足球比赛中,球员越是害怕魔咒的出现,越是手脚不能放开,动作变形,于是事情就朝着预期的方向发展。

关于"冠军魔咒",2002 年诺贝尔经济学奖获得者丹尼尔·卡尼曼有着另外的解释。他说,凡是登上《体育画报》杂志封面的运动员,在接下来的比赛中就会成绩欠佳,这也称为"体育画报的诅咒"。原因说起来很简单,凡是能成为封面人物的运动员,在前一赛季一定表现极为出色,也许这种出色的表现很大程度上源于运气,但运气是善变的,接下来可能就没这么走运了。

这个简单的解释背后有更深刻的原因,那就是"均值回归"。高尔顿爵士是19世纪英国著名的学者,也是达尔文的表兄,他发现并命名了均值回归的现象(卡尼曼称发现这一规律的意义不亚于发现万有引力)。在对植物种子的研究中,高尔顿发现,子代的高度和母本的高度似乎并不相关,植物的高度总是向均值靠拢。最让高尔顿惊讶的是,这一规律随处可见。

用"均值回归"很容易解释"冠军魔咒"或者"体育画报的诅咒":运动员取得冠军或者登上封面,是因为他们不同寻常的优异表现。他们随后的成绩,虽说还是比平均水平高,但几乎不可避免地低于赢得荣誉时的巅峰状态。

不要以为这种事情只有冠军才能碰到,老板们在你业绩不佳时向你咆哮,等你业绩回升时以为咒骂起了效果;当你表现特别出色时表扬你,接下来你的业绩却开始下滑,老板又会觉得你经不起表扬……其实这一切都是业绩在向均值靠拢的客观规律,咆哮起不到任何作用(问题是你敢不敢把这篇文章放到他的桌上)。

大观园中的"棒球竞赛"

小红（林红玉）是怡红院干粗活的丫头，她不但能干而且好强。终于有一天，小红机会来了，宝玉要喝水，正好大小丫头都不在。当宝玉自己去倒水时，小红在背后说道："二爷看烫了手，等我倒罢。"说着就接了碗去。

宝玉问："你在哪里来的？"小红一面递茶，一面笑着回道："我在后院里。才从里间后门进来，难道二爷就没听见脚步响么？"宝玉仔细打量着小红……小红的运气似乎来了。

小红要想在几百号人的贾府出人头地，必须依靠运气和实力，那么哪一个因素更重要，这可是个有趣的问题。

哥伦比亚商学院教授迈克尔·莫布森说，在以实力为主导的活动中，运气的影响比较小，比如游泳健将很少会输掉比赛。在这类活动中，小样本实验就能推断出正确的结论，费德勒处于黄金时代时，我们只需看他几场比赛就知道他是一流选手。但在靠运气取胜的活动中，比如21点扑克比赛，只有经过大量样本的实验，才能得出结论。

小红要得到宝玉的青睐，这就是件靠运气取胜的活动。倒茶人人都会，"头发乌黑、细挑身材、俏丽甜净"的机灵姑娘也有的是，因此，小红必须经过多次和宝玉的接触，才能够真正展示她的才能。

而小红在之后得到凤姐的赏识，则主要靠实力（仅一次就够了）。她在办完事后向王熙凤回话道："平姐姐说：我们奶奶问这里奶奶好。我们二爷没在家。

虽然迟了两天，只管请奶奶放心。等五奶奶好些，我们奶奶还会了五奶奶来瞧奶奶呢。五奶奶前儿打发了人来说：舅奶奶带了信来了，问奶奶好，还要和这里的姑奶奶寻几丸延年神验万金丹……"

短短两百字，把五个不同的奶奶说得清清楚楚，表现出小红清晰的思维和过人的口才，不但让李纨惊叹，连凤姐也佩服。于是凤姐要定了这个小红。

在贾府我们还会遇到一种特殊现象，就是"实力悖论"：实力越高，运气就越重要。

1941年职业棒球大联盟波士顿红袜队的泰迪·威廉姆斯创下了超过四成打击率的纪录，之后棒球联盟再也没能破这个纪录。古生物学家斯蒂芬·古尔德用"实力悖论"来解释：之所以不再有击出四成打击率的球手，是因为所有职业击球手实力越来越扎实，球员实力的差距渐渐缩小，这时运气对球员打击率提升就会起到很大的影响。

贾府如同一个棒球场，人才辈出，单是宝玉房中就有袭人、晴雯等实力非凡的八个种子选手，她们彼此之间互相过招，实力越来越接近，这时，运气起到的作用也就越来越大。像晴雯、金钏儿这样的竞赛选手就是因为运气差了一点点导致彻底出局。

小红在宝玉房中的好运很快就结束了，秋纹、碧痕回来了，她们羞辱道，"没脸面的下流东西……你也拿镜子照照，配递茶递水不配"，小红"内心早灰了一半"。

如果小红懂得实力和运气的理论，她不必感到沮丧，所有活动的最终结果，还是取决于实力。在接下来的日子中，小红就遇到了她的命中贵人，得以展现她非凡的实力。

体育比赛中的枪打出头鸟

美国经济学家戴维·弗里德曼曾经提出这么个问题：假设你是个英雄，手中的剑已经折断，而身后有 40 个敌人在追你，但你有一把弓箭，作为英雄，你百发百中，可惜你只有 10 支箭。敌人正在以最快的速度向前冲，并且离你很近了，这时，请你运用经济学的方法逃生。

这个问题对于中国人来说并不难，答案就是枪打出头鸟。你先把跑在最前面的人撂倒（叫你出风头），第二个人开始犹豫，但很快也被撂倒。这时每个人都害怕冲在最前，纷纷放慢了脚步。

这个问题的前提是每个人都是理性人，都会计算成本和收益（碰上不要命的经济学也无能为力了），并且和信息是否对称也无关，即便对方知道你手上只有 10 支箭，因为每个人都珍惜自己的性命，所以谁都不会出头做冤死鬼。

解决枪打出头鸟的办法是合作，分摊风险。在自行车赛中会出现这样的情况：选手们在到终点前的路程常以大队伍方式前进，他们采取这一策略是为了让自己不至于太落后，又出力适中。而最前方的选手在迎风时是最费力的，所以选择最前方是最差的策略。于是会出现这一幕：大家开始都不愿意向前，这使得全体速度很慢。

环法自行车赛的热门选手都愿意暂时让出领骑衫而采取跟随战术，只是在计时赛和最后一周的爬坡赛阶段再去努力争夺。七届冠军得主阿姆斯特朗就是运用这种战术的高手。

　　但是自行车赛毕竟不是比慢竞赛，所以总得有人骑在前面。这时通常会有多位选手骑到前面，他们采取合作方式，在一段时间内轮流交换最前方位置，以分担风的阻力，使得这个团体的速度有所提升。

　　在帆船比赛中，成绩暂时领先的帆船，通常绝不会再担当领头羊的角色，而是会照搬尾随船只的策略。比如尾随船只改变航向，那么领先的船只也会照做不误，即便是尾随船只采用一种非常低劣的策略，领先的船只也会照样模仿。

　　之所以会这么做，是因为帆船比赛中获得怎么样的优异成绩并不重要，重要的是比对手好一点点。因此不冒额外的风险，维持领先地位最可靠的办法是别人怎么做，你也跟着做。

　　成名的经济分析师也绝不会轻易担当出头鸟的角色，他们通常喜欢采取模仿策略，随大流制造出一个和别人差不多的预测结果（比方你问楼市会怎么走，他会说之前的疯狂不会持续，但也不会大跌之类）。这么一来，即便预测失误，人们也不大可能改变对这些分析师能力的看法。而另一方面，初出茅庐渴望成名的分析师则会采用出头鸟的冒险策略，他们喜欢预测市场的大繁荣或者崩溃。这就像押宝，如果错了，没人会听信他们（反正本来也没人信他们）；一旦预测准确，则一夜成名。

　　当不当出头鸟，其实由成本和收益来决定。一旦形成枪打出头鸟的氛围，就很难出现创新这回事了。

NO.9

我们的世界为何如此

约瑟、1942 和法老的梦

公元前 17 世纪的某一天，古埃及法老阿佩皮一世从梦中醒来，一身冷汗。他梦见自己站在河边，有七只肥壮的母牛从河里上来，随后又上来七只干瘦的母牛，吃尽了肥壮的母牛。法老接着又梦见一株麦子长了七个饱满的穗子，随后又长了七个细弱的穗子，细弱的穗子很快吞食了饱满的穗子。

在这个时候，圣经中著名的人物约瑟登场了。他为法老解了梦。约瑟说，这个梦代表埃及将有七个丰年，随后又要来七个荒年，先前的丰收必被饥荒所灭。所以他建议法老积蓄粮食防备埃及将来的荒年，免得被饥荒所灭。法老听从了约瑟的建议，结果果然出现了大饥荒，而埃及幸运地躲过了灾难。

德国考古学家维尔纳·克勒尔发现，圣经上的很多故事并非神话这么简单，那些看似荒诞的故事，最后在考古上发现都是真实的。根据托勒密王朝岩石上的铭刻记载，远在三千多年前，的确有一次七年饥荒。当时的佐瑟王曾给位于埃利范廷的总督下了一道命令，里面说道："我的心一直深深挂念着过去七年里尼罗河泛滥所引起的灾荒。"同时，考古学家也找到了旧王国时期的谷仓遗迹。

三千多年后另一场大灾中的人们则没这么幸运。1942 年夏到 1943 年春，河南大旱，夏秋两季大部绝收。大旱之后又遇蝗灾。饥荒遍及全省 110 个县。

为何三千年前的埃及能躲过大饥荒，而 1942 年的中国却出现几百万人饿死的惨剧？

在传统的观点里，造成饥荒最重要的原因无非是食物短缺，故往往发生在旱灾或洪涝灾害之后（大多数人将 1942 年河南大饥荒归结为旱灾和蝗灾）。1998年诺贝尔经济学奖得主阿马蒂亚·森曾经专门研究过各国的大饥荒，他得出一个惊人的结论：导致全面性大饥荒的原因往往不是粮食总供给量的不足，而是信息封锁、分配不公等个人权利的"贫困"。

古埃及之所以能度过大饥荒，在于丰年接济荒年（谷仓就是古埃及的专利）。约瑟建议将埃及七个丰年每年五分之一的粮食积蓄起来，以备灾年。美国德州大学经济学教授丹尼尔·罕默施曾专门用复杂的经济学方法研究过这个跨期问题，他得出的结论是按照约瑟的做法，埃及荒年的粮食只比丰年少 10%。而1942 年的中国是区域饥荒，完全可以采取丰地接济荒地的方法，但国民政府却采取消息封锁的方法，结果就酿成人间惨剧。这个结果也完全符合阿马蒂亚·森的结论。

阿马蒂亚·森对于饥荒问题的兴趣来自童年的饥饿。他在 9 岁时亲身经历了 1943 年孟加拉大饥荒，这次饥荒造成了 300 万人死亡。如此巨大的人口损失，经他后来研究，发现是完全可以避免的。他在《贫困与饥荒》一书中说：饥荒的形成并不是没有粮食，而是饥饿人群的粮食消费权利被禁止了。灾荒和饥馑绝不是不可化除的天谴，而灾荒年代受苦最深，乃至大量死亡的，永远是处在社会阶梯最底端的人。

信仰也需要市场竞争

大约 800 多年前,也就是教皇英诺森三世在位的时候,一个小教派卡塔尔派发布了它的年度新产品。这是一款类似可以跨越安卓和苹果两个操作平台的超级产品。这款信仰产品是这样设计的:上帝有两个,一个是创造了非物质世界的慈善上帝,一个是创造了物质世界的邪恶上帝。

当时所有宗教产品都有一个 bug,即"上帝是绝对仁慈的,同时他又是万能的,一定能消灭邪恶。但邪恶到处都是,因此上帝不可能同时万能又爱人",就连圣奥古斯丁这样的大腕对此也很抓狂。该产品修复了这个漏洞,推出后立刻被消费者评为年度最佳创意产品。

作为中世纪最大的信仰托拉斯——教会,根本容不下别人与其竞争,公元1231 年教皇格利高里九世的"绝罚敕令",把卡塔尔派定义为异端分子,直接没收了对方的营业执照,拒不悔改的人将被判处终身监禁。

一个垄断的机构迟早会走上下流的道路。教会很快发现,火堆是样很管用的东西,任何妨碍教会垄断经营的人都被送上火堆。有一阵子,教堂里都摆着个箱子,每个人都有义务往里面塞纸条,这可不是投票选谁当村长,而是揭发异端(下流的想法全世界都一样)。那些受揭发的中世纪异端者,被戴上硬纸板做成的帽子推进火堆。很多人都把揭发看作清算私敌的好机会。一个叫作让·达尼埃尔的人大概为了进吉尼斯纪录,居然揭发了 200 多人。

对火刑这件事,教会十分在行。1553 年,有个叫米歇尔的医生因为质疑"三位一体"被处以火刑。透过窗户，"烧烤专家"卡尔文观看了整个行刑场面，他非常"仁慈"和"专业"地下令使用"小火"。17世纪的查尔斯二世则很钟情于老式的"烧烤法"，他本人经常出席火刑。为了取悦这位王储，宗教裁判所发明出了"皇家柴堆"，披金挂银，并辅之以缎带和花环装饰，排场相当大，有点炫富的味道。

如果信仰的终极武器是火堆，那么很难让买主心悦诚服。教会很快发现，争夺宗教市场的商家越来越多。在公元11世纪，单在欧洲就有19家主营宗教的公司，到了12世纪新公司更多。靠着炭烤异端可能行不通。

信仰这件事，同样受到经济规律支配。人们通过成本和收益选择自己的信仰，那些时间成本高的人，会选择教规不烦琐的；高学历的教徒选择相对温和的教派；文化程度低的可以选择强调天堂、魔鬼和奇迹的教派。市场竞争，才能让人们比较优劣、各取所需，垄断经营只会走火入魔。

假如全世界只有一种汉堡，那么这种汉堡一定比塑料还要难吃；假如全世界只有一张报纸，那么这张报纸注定会满纸谎言；假如全世界只有一种信仰，那么离我们回到火刑的时代也不远了。

圣人是靠不住的

　　1950 年左右，公共选择派的创始人、经济学家布坎南开始接触各类政治学文献。这时他有点惊愕，原来在千百年来的政治经典中，都在讨论圣人明君，好像人们只要找到一位圣人明君，一切问题就自然消失了。

　　中国是个盛产圣人的国度，比如韦小宝常常挂在嘴边的"鸟生鱼汤（尧舜禹汤）"，人们盼望着"圣人出，黄河清"，那么圣人们能解决好一切问题吗？

　　圣人不但有高尚的情操，还常有一套无所不包的生活方式。比如柏拉图就写过一本《理想国》，这本书说白了就是想要设计一整套制度、价值观、生活方式，让大家在其中幸福地生活。

　　经济学家也常有这样的圣人情结。圣西门出生在法国的一个贵族家庭。在他 15 岁的时候，他就命令自己的仆人每天用这样一句话叫醒他："伯爵，请起来，伟大的事业在等待着你。"1803 年，他发表了第一部作品，讲述了他的改造社会的宏伟计划。而后，他和跟随者设计出一种他们认为更加公正人道的社会经济制度，比如废除继承权等等。到了后来，圣西门的思想索性构建了一种宗教公社，甚至规定了男女比例和专门的制服。

　　和圣西门一样，经济学家傅立叶也有他的"社会改造计划"。傅立叶研究出一种劳动协会制度，他把这种协会称为"法郎吉"，成员可以在任何一个"谢列叶"（生产组）中选工种，资本家和贫农一起哼着小曲愉快地劳动，而劳动的动力只有三种：竞赛、社会表扬、创造的喜悦。

我以为，这些念头很有趣，但问题是他们自己也未必做得到。如果他们只是个网络游戏设计员，老板一定喜欢死他们了，还会给他们加工资，可惜要把这些高尚情操安排到他人身上就很可疑了。

布坎南对着这些政治经典拼命摇头，他认为人类社会由经济市场和政治市场组成，而两个市场上活动的是同一拨人。没有理由认为同一个人会根据不同市场，采取完全不同的行为动机，在这个市场是郭美美，到了那个市场就变成了特蕾莎修女。

想想《纸牌屋》里的政客，就知道政治市场和经济市场没啥区别。所以布坎南的结论很简单，在政治市场中，也没有什么圣人，不管是谁都是理性经济人，也会追求自身利益最大化。

我猜想孔孟肯定不会同意布坎南的意见，他们会说皇帝和官员可以不断加强自身的修养。不过哈耶克肯定站在布坎南这一边，他说：从"好人"的假定出发，必定设计出坏制度；从"坏人"的假定出发，才会设计出好制度。

所以，"鸟生鱼汤"可能并不顶用，关键不是找到圣人，而是有个好的制度。我们不可以选择人性，但可以选择制度。

有多少人该下地狱

美国亚拉巴马州南方浸礼会发言人马丁·金在接受《纽约时报》采访时说："如果要推销防滑轮胎，我们就会问自己，什么人需要这种轮胎，他们住在哪？依此类推，我们需要问的是，什么人需要上帝的拯救？"

假如事情就到这里也罢了，但是执着的浸礼会委员会推演出一个秘密的数学公式，来推测每个地区有多少人该下地狱。1990年的时候，亚拉巴马州南方浸礼会公布了第一个地区性的评估报告，该报告称：在亚拉巴马州，大约有186万人（占该州人口的46.1%）将下地狱，如果他们不忏悔的话。

这个报告原本不是作为展示用的，同商业销售评估一样，它是为公司或者机构内部准备的，仅作参考依据。但不知怎么回事，落入了《伯明翰新闻》的记者加里森手中（又多了一个该下地狱的家伙），结果这件事情就被捅了出来。《伯明翰新闻》还注意到，这个数字大大地提高了，往年这个数字只有2%，或许是该"公司"销售业绩不佳吧。

地狱和统计学的关系一直存在。早在1564年，魔鬼学专家（行行出状元）约翰·威尔就统计了在人间进行全日制工作，专事引诱基督徒堕落的魔鬼数量，总共有7499127个，并且威尔还搞清了魔鬼们的编制，分属79个兵团，具体官衔似乎没有记载，不知道处级以上领导干部有多少个。

亚拉巴马州因为如此卓越的统计技术，获得了1994年搞笑诺贝尔数学奖。获奖者不愿意参加颁奖典礼，于是颁奖委员会派了一名代表前往挪威的"地狱镇"（Hell），邀请该镇市民代为领奖。该镇代表在颁奖典礼上打趣说："得知亚拉巴马州有那么多人将下地狱，我由衷地感到高兴。我们特意在地狱镇为大家安排好位置，恭候各位大驾光临。"

文学痛苦指数

假如你是个作家，正在写一本小说，不管这是本科幻小说还是本动物小说，如果没有悲惨、痛苦、喜悦、快乐这些词，就很难像一本小说。

来自布里斯托大学和伦敦大学的研究者们作了一项有趣的调查。他们在Google上筛选了超过五百万本的电子书，并且创造了一种"文学痛苦指数"。他们按照出版年份将书籍内所有与痛苦有关的词数和所有与幸福有关的词数相减，就能得到该指数。

接着研究人员将"文学痛苦指数"与人们所熟知的"经济痛苦指数"（通货膨胀率与失业率的总和）进行比较发现，某一年的"文学痛苦指数"与前十年内的"经济痛苦指数"的平均值密切相关。也就是说在当年出版的书籍里面有大量与"痛苦"有关的词出现时，就意味着前十年内的经济形势相当糟糕。他们把这项研究发表在了《公共科学图书馆综合》杂志（*PLOS ONE*）上。

如果研究人员碰上像莎士比亚这类天才作家，他们的研究可能会失灵。因为在莎翁的作品中，即使是天崩地裂的痛苦，他也很少直白地用"悲惨""痛苦"这类词语。对奥赛罗的绝望莎士比亚是这样写的："你们问一问那个顶着人头的恶魔，为什么要这样陷害我的灵魂和肉体？"而对哈姆雷特的仇恨和痛苦则是这样描写的："从这一刻起，让我摒除一切疑虑妄念，把流血的思想充满在我的脑际。"

好在大多数作家如同汪峰一样，把"孤独""自由""迷惘""绝望"这类词标配在作品里，让"文学痛苦指数"的关键词检索有了可能。

不少经济学家擅长从 Google 中搜索关键词,从而窥探经济的走向。Google 首席经济学家哈尔·瓦里安在 2009 年时表示,美国网民的搜索习惯表明,美国经济已开始出现复苏的迹象。瓦里安说,从 3 月份开始,Google 用户搜索"失业救济金"或"就业中心"相关信息的人数开始出现下滑,而对"住房"和"房地产代理"的搜索量却有所增长,这表明美国经济和房地产业正逐步升温。

《经济学人》创造的"衰退指数"也异曲同工,它专门追踪最近一个季度中报纸中使用"衰退"这个单词的数量。该指数的优势在于很及时,传统 GDP 数据要在每个季度结束后的四个礼拜后发布,而"衰退指数"则可以立刻获得。该指数曾精确定位了美国从 1990 年到 2007 年之间衰退的开始点。

疯狂文明人

　　每天早上挤在地铁里，周围是一群和我同样睡眼惺忪的上班族。巨大的移动铁盒发出哐当哐当的声音，仿佛是带着人们去一千米深的矿井。这个时候，我常会想起一个人——经济学家梅纳德·凯恩斯。

　　凯恩斯在 1930 年《我们后代的经济前景》一文中，做了两大预言。第一是大萧条最终"只是短暂的调整期"，我们的后代将更加富足。他关于"一百年后（2030 年）英国的人均收入将再要提高四至八倍"的预测可以说是准确无误。经济学家估算，英国人比 1930 年祖父辈及高祖辈的收入增加了五倍，到 2030 年，下一代的收入将是他们的八倍。

　　凯恩斯所做的第二个预测是：到 21 世纪初，每周工作时间将缩减至 15 小时。这一点他大错特错。我们仍然深陷在起早摸黑的深渊中，即便是美国和欧洲，每周工作时间几十年都是雷打不动超过 40 小时。

　　如果凯恩斯深入研究过人类学，对初民社会有所了解，那么他可能收回他的预言。人类并非物质越丰富，科技越发达，工作时间就越少。

　　在非洲南部，几千年来生活着一个靠着狩猎和采集为生的原始部落，300 多年前登陆南非洲海岸的欧洲殖民者称呼他们为"布希曼人"，意思就是"灌木丛里的人"。布希曼人能够根据动物留在地面的痕迹追踪猎物，还能在缺水的地区找到富含汁液的瓜果和块茎。这些技能让他们吃得好，干得少。凯恩斯可能做梦都没想到，他们每天的工作时间只有两三个小时，而每天获得的食物有 2500 千卡热量。

今天我们发明了各种金融产品，华尔街的精英们还在黑屋子里捣鼓出了各种复杂的金融衍生品（直到金融危机爆发人们还是不太搞得清楚）。而太平洋西部加罗林群岛的雅普岛土著使用的金融系统却是无与伦比的。他们采集一种大石头，然后做成巨大的石轮（称为"费"）。在雅普岛，根本无须担心通货膨胀。1900年的时候，一个"费"可以买一只独木舟或一头猪。"费"陈列在家门口，商人把货物卖给别人后，仅仅查看一下主顾的"费"的外貌及所在位置或做一个记号，对这些超级钱币并不实际占有，全凭信用。而今天的金融黑客们看到这些钱币一定傻了眼，恨不能一头撞死在这些石头上。

现代经济学建立了各种产权制度，这些在初民身上却毫无用处。当他们中的某一个人在森林吃饭时，便唯恐自己独享，总是大呼大叫，希望旁人来和他分享。而我们"文明人"碰上好东西则是关上门，拉上窗帘独自享用。美国历史学家特纳告诉萨摩亚人关于伦敦穷人的事时，这些未开化的人很吃惊地问："怎么样的穷？没有吃的？没有朋友？没有房子住？他的朋友也没有吃的，没有房子住吗？"这些纯朴的话语让人想起君士坦丁主教的名言："当我们说出'我的'与'你的'两个字时，已熄灭了我们慈悲的火焰，点燃了贪婪的欲火。"

经济学家告诉我们，战争和破坏也能增加GDP。然而当爱斯基摩人第一次听到白人之间会如同海豹般互相杀戮，并互相盗取土地时，他们震惊了，指着土地喃喃自语道："如果他们的土地也覆盖着冰雪，那该有多好；那些岩石中他们所渴望的金和银，被深藏在雪中，使他们无法获得，那该多好啊！"

再回头说说那些曾经每天工作两三小时的布希曼人，他们追踪猎物的本领被军队和农场主用来像猎狗一样搜寻游击队和盗猎者。他们的领地也越来越小，只能受雇为排队的观光客表演狩猎，或者卖一些旅游纪念品。他们起早贪黑地工作，并开始酗酒，并且，他们还得对付比猛兽更可怕的东西——老板。这些都是凯恩斯所没有想到的。

今天的文明让我们拥有了喷气式飞机、摩天大厦，但这些似乎也没什么好自豪的。我们发明了汽车却把自己堵在路上，发明了机器却在为机器工作，发明了社交网络人心却隔得更远。

有部电影叫《疯狂原始人》，其实"原始人"并不疯狂，真正疯狂的是文明人。

图书在版编目(CIP)数据

　　好奇心经济学：像侦探小说一样有趣的经济学故事 /
岑嵘著.—杭州：浙江大学出版社，2016.11
　　ISBN 978-7-308-16238-8

　　Ⅰ.①好… Ⅱ.①岑… Ⅲ.①经济学—通俗读物
Ⅳ.①F0-49

　　中国版本图书馆 CIP 数据核字（2016）第 233161 号

好奇心经济学：像侦探小说一样有趣的经济学故事

岑　嵘　著

责任编辑	卢　川	
责任校对	杨利军　陈　园	
出版发行	浙江大学出版社	
	（杭州市天目山路 148 号　邮政编码 310007）	
	（网址：http://www.zjupress.com）	
排　　版	杭州林智广告有限公司	
印　　刷	杭州钱江彩色印务有限公司	
开　　本	710mm×960mm　1/16	
印　　张	14.25	
字　　数	194 千	
版印次	2016 年 11 月第 1 版　2016 年 11 月第 1 次印刷	
书　　号	ISBN 978-7-308-16238-8	
定　　价	38.00 元	